Une famille au secret

Le Président, Anne et Mazarine

Ariane Chemin et
Géraldine Catalano

Une famille au secret

Le Président, Anne et Mazarine

Stock

Avant-propos

Mitterrand, la « biographie perpétuelle »

L'idée de ce livre est née au printemps 2005. Mazarine Pingeot venait de publier un récit de souvenirs, *Bouche cousue*, chez Julliard. Le procès des écoutes de l'Élysée tenait le haut de la chronique judiciaire. À nouveau, deux portraits de François Mitterrand, antagonistes, contradictoires, comme pour conforter par-delà la mort cette esthétique des contraires travaillée en orfèvre, toute sa vie, par le Président. Deux facettes qu'on a dites irréconciliables. Irréconciliables, vraiment ?

Pour nous, qui n'avons connu le chef de l'État socialiste qu'au travers du petit écran, qui sommes nées à la politique avec lui, la lecture du récit de sa fille a sonné comme une petite révélation. « *J'ai vécu mon enfance aux côtés de ma mère et de mon père que je voyais à la télévision au côté de Danielle* », écrit Mazarine Pingeot, avant de raconter les petits-déjeuners quai Branly, les week-ends à Souzy-la-

Briche, les vacances à Gordes. On croyait le président de la République auprès de la première dame de France, rue de Bièvre, nous avons vécu par procuration leurs mois d'août et leurs réveillons à Latche, leurs ascensions de la roche de Solutré depuis Cluny, le berceau des Gouze. Les choses étaient moins simples. En réalité, ces chefs-lieux de la géographie mitterrandienne n'étaient qu'un « privé » relatif. Ils étaient les capitales publiques de sa mappemonde politique.

L'histoire de François Mitterrand, d'Anne Pingeot et de leur fille Mazarine est une très belle histoire d'amour, que *Bouche cousue* esquisse, à sa manière, émouvante et subjective, tendre et partiale, étonnante mais elliptique. Elle est aussi un bien mauvais « polar », que les minutes des audiences du procès des écoutes de l'Élysée n'ébauchent qu'à grands traits. Nous avons eu envie de mener l'enquête et de reconstituer un puzzle épars. Sans gêne, puisque la fille du Président a choisi de coucher par écrit son enfance et son adolescence, avant d'en faire la matière d'un documentaire télévisé.

Dans l'immense bibliographie qu'a suscitée François Mitterrand – la seconde après le général de Gaulle –, la fille longtemps cachée du président de la République, comme la femme dont il a partagé la vie dès le début des années 1960, sont ignorées. Pingeot, Anne... Tout juste si la première héroïne de la « deuxième » famille a droit à quelques citations dans l'index – lorsque son nom y figure –, si on la gratifie d'un vague appel de note dans l'appareil critique. Elle l'a voulu ainsi. Choix très respectable, mais qui a faussé les récits de la geste mitterrandienne.

Vie privée ? Anecdotes ? Déballage ? Pas pour un chef d'État dont le roman personnel éclipse, aux yeux de bien des Français, son parcours présidentiel. Nous nous sommes demandé comment on construit, puis on préserve, un secret d'État. Nous avons eu en outre l'intuition que cette deuxième vie avait pu influer sur le cours des deux septennats, ou pouvait au moins en éclairer certains épisodes. Nous avons voulu vérifier.

Cette enquête a été écrite sans l'accord des principales intéressées. Nous remercions les quatre-vingt-une personnes qui ont accepté de nous rencontrer. Nous leur avons promis l'anonymat. Nous savons gré à tous les responsables politiques, hauts gradés militaires, policiers et gendarmes, journalistes et photographes, avocats, conservateurs et hauts fonctionnaires, aux amis des Mitterrand et des Pingeot, qui, à quelques rares exceptions, ont accepté, souvent pour la première fois, de raconter cette histoire – avec une pensée pour l'ancien juge d'instruction Thierry Jean-Pierre, décédé un mois après notre rencontre. Tous nous ont définitivement convaincues que la vie de François Mitterrand relevait, selon les mots de l'historien Pierre Nora, d'une «*biographie perpétuelle*».

I

Un été à Hossegor

« Il y a de très jolies filles à Clermont. Malheureusement on ne les voit pas souvent. »

Éric Rohmer,
Ma nuit chez Maud

Quand Anne Pingeot était encore petite fille, toute la ville se retournait sur un personnage influent de la Ve République. Ses parents le fréquentaient, s'agaçaient en silence de son assurance un peu hautaine, de ses manières voyantes et si peu auvergnates. L'homme est ambitieux et séducteur. Il est député puis secrétaire d'État à trente-trois ans. Il aime les femmes, le pouvoir et veut moderniser la France. Ses persévérances de Rastignac sont vite récompensées. Il est élu président de la République. Il s'appelle Valéry Giscard d'Estaing.

Le berceau des Pingeot se situe en effet à Clermont-Ferrand, à quelques kilomètres de Chamalières, le fief des Giscard d'Estaing. L'hôtel particulier bordé d'un parc de la rue de l'Oratoire, au pied de la cathédrale en pierre de Volvic, signe la réussite d'une famille qui doit tout à la révolution industrielle. À Clermont, on appartient de près ou de loin, souvent comme ouvrier, parfois comme ingénieur, à la grande famille du pneu et du caoutchouc. Chez les Pingeot, on est industriel de père en fils, cousins et sous-traitants des Michelin, pour lesquels on fabrique des accessoires automobiles : valves, crics, boulons...

L'entreprise, qui prend en 1919 le nom de Pingeot et Cie, est dirigée par Henri, le grand-père d'Anne. On devra quelques années plus tard à ce gros fumeur le premier briquet à gaz, qu'il fait fièrement breveter. Son épouse, Gabrielle Chambriard, met au monde deux garçons. Pierre, le second, naît le 22 juin 1915. Trajectoire impeccable. Il fréquente « Massillon », l'école de jésuites de la ville, puis, baccalauréat en poche, monte à Paris. Le futur grand-père de Mazarine, bel homme taillé dans le roc, rejoint l'entreprise familiale à Clermont en 1941. La même année, il se marie avec Thérèse Chaudesolle – petite-fille d'Émile Fayolle, gloire de la famille, qui gagna son bâton de maréchal en 1921, avec Lyautey et Franchet d'Esperey.

Le couple Pingeot mène une vie de grands notables de province, entre dîners, parties de bridge ou de tennis, et l'éducation de leurs cinq enfants. En 1947, Pierre devient P-DG des Établissements

Pingeot-Bardin, qui se diversifient : fabrication de pièces en laiton pour voitures et d'accessoires pour vélos. Les affaires roulent dans la capitale du Puy-de-Dôme. Et les honneurs affluent : conseiller à la Banque de France, vice-président de la Caisse d'épargne de Clermont... Le père d'Anne préside aussi le très chic Automobile-Club d'Auvergne, le golf de Royat-Charade, fonde le célèbre circuit aux cinquante et un virages, où la bonne société locale a ses habitudes. Il est membre du Rotary-Club, que son frère aîné, Jacques, a créé, tout en régnant sur la puissante chambre de commerce de Clermont-Ferrand-Issoire.

Les familles Michelin et leurs alliées sont connues pour leur traditionalisme revendiqué et leur paternalisme conservateur. Jardins d'enfants, écoles, coopératives, cérémonies funéraires, ici, on est Michelin « du berceau au cercueil ». Le progressisme n'est pas le fort des familles du « pneu ». Le catholicisme y est sédimenté, voire rétrograde. Le dimanche matin, rendez-vous à la messe, à la cathédrale ou à Notre-Dame-du-Port. L'après-midi, les familles descendent des contreforts de Chamalières pour se croiser sur la promenade, rue Blatin. Au gré des dîners en ville, des réceptions d'affaires et des soirées de charité, Pierre Pingeot, incarnation de la bourgeoisie auvergnate, croise régulièrement les Giscard d'Estaing. Le dimanche, les Pingeot viennent prendre le thé dans le château de Chanonat, au sud de Clermont, distant de cinq kilomètres de leur grosse maison familiale de Saulzet-le-Chaud.

C'est dans ce petit milieu cossu, cultivé et qui se suffit à lui-même, dans ce monde où le secret – industriel, familial – a valeur de vertu cardinale, que naît Anne Pingeot, le 13 mai 1943. Anne ressemble aux jeunes filles de bonne famille de l'époque : discrète, studieuse. Ici, on apprend à être couleur muraille, celle de la pierre de lave des maisons clermontoises. On aperçoit de temps en temps l'adolescente à vélo, à la sortie de la messe, longue jupe bleu marine plissée à peine affolée par le vent, jumelle brune de Marie-Christine Barrault dans *Ma nuit chez Maud*. Entre le lycée Jeanne-d'Arc pour jeunes filles et sa maison de la rue de l'Oratoire, elle retrouve ses amies aux goûters de cinq heures, au cours de dessin privé Levée ou au club d'équitation.

L'été, la bonne bourgeoisie industrielle de Clermont émigre au bord de la mer, loin du décor noir des laves pétrifiées et des volcans neigeux. Les Pingeot ont choisi Hossegor, dans les Landes. C'est paisible, calme, légèrement désuet, moins m'as-tu-vu que la Côte d'Azur, moins parvenu que la Méditerranée. La villa Lohia, colombages et volets rouge basque, se cache entre le lac et l'Océan. Elle est moins spacieuse que les imposantes villas landaises d'Hossegor à bas-reliefs et cartouches signés Lucien Danglade, mais peut héberger sous ses tuiles en fougère les cinq enfants de la famille Pingeot, et bientôt les très nombreux cousins.

Parmi les vacanciers privilégiés qui ont choisi Hossegor, il y a François et Danielle Mitterrand. Le jeune ministre, son épouse et leurs deux garçons, Jean-Christophe, né en 1946, et Gilbert, de trois ans son cadet, ont découvert le chic discret de la station balnéaire grâce à l'ami Georges Beauchamp et à Christine Gouze, la sœur de Danielle, au début des années 1950. Le premier, ancien camarade de Résistance de Mitterrand, loue, l'été, le chalet « La Cantate des pins ». La seconde, devenue inconditionnelle de cette perle élégante perdue entre les dunes et les pins, la choisira comme décor de son mariage avec Roger Hanin en 1950. Jean-Christophe et Gilbert, ses neveux, seront garçons d'honneur. En 1955, les Mitterrand font construire à leur tour, entre le lac et la mer, avenue des Fauvettes, une villa sans goût ni grâce, mais au calme parfait : il faut déloger un couple de chevreuils pour lancer les travaux.

Nous sommes en 1961. L'été, le lac d'Hossegor prend des airs de jardin des Finzi Contini. On se donne rendez-vous sur la Plage blanche, au tennis ou au golf. Il y a la bande des parents, et celle des adolescents. Petits et grands se retrouvent pour des virées en Espagne, des pique-niques, des courses aux trésors, des tournois de ping-pong chez les Mitterrand, des surprises-parties. François et

Danielle sont à leur aise partout : avec Christine et Roger, surnommé « Tonton belote », ils rejoignent souvent la bande du radiologue Laurent Raillard, pilier des greens d'Hossegor : des pharmaciens, des notaires, sportifs et satisfaits, qui jouissent des Trente Glorieuses et apprécient la cuisine canaille des auberges landaises et leurs blagues de fin de banquet. Le soir, Danielle laisse François dans ses livres pour aller danser au « Bar basque » avec Roger et sa sœur.

Les enfants Mitterrand et Pingeot ont fini de s'épuiser au club des Pingouins – Anne, farouche, préfère la solitude des promenades à cheval aux jeux de plage collectifs. Comme naguère leurs parents, les adolescents s'épient, s'observent, s'embrassent parfois. À la plage, qu'il ne quitte pas, Jean-Christophe tombe fou amoureux de Danièle Combaldieu, une ravissante brune pétillante aux airs d'Audrey Hepburn. Un jour, après la plage, il l'emmène jusqu'à la véranda de la villa de l'avenue des Fauvettes pour la présenter à son père. De sa chaise longue, François Mitterrand interrompt sa lecture pour observer la jeune fille d'un œil connaisseur. La fille du président de chambre à la Cour de cassation, Raoul Combaldieu, est intelligente et gracieuse. « *Si tu ne l'épouses pas, je te déshérite !* » lance, en plaisantant, Christine Gouze à son neveu. Las ! Danièle Combaldieu oublie vite Jean-Christophe, qui est parti repasser son bac à New York, sur les conseils de Jean Riboud, futur patron de Schlumberger. La future secrétaire générale du Conseil supérieur de la magistrature se mariera en 1969 avec l'avocat Jean-Marie Burguburu.

D'autres, comme Gilbert et les fils Pingeot, préfèrent aux après-midi qui s'étirent sur la plage les plaisirs plus exclusifs du golf. Ils rejoignent leurs pères sur les parcours. L'exubérant « Lala » Raillard adore jouer les professeurs et montrer qu'il connaît du beau monde. Observer ces importants messieurs humiliés par les caprices d'une petite balle blanche amuse beaucoup ce sportif accompli. Aux plus mauvais swingueurs, le club réserve chaque année le trophée très kitsch du tournoi de l'Attila Cup : un petit chien en porcelaine qui fait pipi. Désopilant. Sur les parcours, on se retrouve entre soi, les couleurs politiques s'estompent.

« Lala » sait se rendre indispensable. Pour son aimable compagnie sur les greens, il sera grassement récompensé sous les deux septennats mitterrandiens. Après une mission gouvernementale d'harmonisation de l'imagerie médicale, il lancera le Plan vert – destiné à ouvrir le golf à un public moins élitiste. Il profitera surtout, sans loyer ni charges, de la splendeur presque versaillaise de sa propriété de six cents mètres carrés à Louveciennes, après l'avoir pourtant vendue sur suggestion appuyée du président socialiste – vingt-six millions de francs, dont six en dessous-de-table – à Elf en 1991.

Au club-house, « Lala » fait les présentations.

– *Pierre Pingeot.*

– *François Mitterrand.*

Les deux hommes ont le même âge : le premier est né en 1915, le second en 1916. Ils sont issus du même terreau, provincial, catholique, conservateur. Tous deux ont gagné Paris pour suivre leurs études, l'École centrale pour l'un, le droit pour l'autre, où il s'immerge dans le milieu des étudiants catholiques et nationalistes. Jeunesses françaises... Tous deux ont des souvenirs et des connaissances communs : depuis la Libération, celui qui a déjà été plusieurs fois ministre se rend souvent à Clermont chez le notaire Louis Deteix, un ancien prisonnier de guerre comme lui.

La conversation se poursuit sur la terrasse des Pingeot. François Mitterrand redevient le résistant « Morland » et raconte l'exécution d'Henri Marlin, le chef de la Gestapo française de Clermont-Ferrand, abattu par Jean Munier, dit « Rodin », cet ami rencontré dans les commandos de travail en Allemagne qui a échappé à la mort en partant se mettre au vert à Jarnac, chez les Mitterrand. C'est avec lui, Georges Beauchamp, Georges Dayan, le meilleur ami, disparu en 1979, et Roger-Patrice Pelat, que Mitterrand a participé, en juin 1945, à la naissance de l'Union démocratique et socialiste de la Résistance, l'UDSR, inspirée par Henri Frenay.

Une autre chose unit les deux hommes : leur méfiance à l'égard de Valéry Giscard d'Estaing. C'est un parvenu, pensent-ils, qui ne connaît pas la France. François Mitterrand s'attarde, revient. Villa Lohia, le dirigeant socialiste séduit tout le monde – à commencer par Mme Pingeot mère, qui trouve l'homme cultivé et charmant. Elle invite François et Danielle à rester dîner. Les sollicitudes et les compliments que lui manifeste cet homme jeune et «*si séduisant*», ne cesse-t-elle de répéter, la ravissent. À table, François Mitterrand observe à la dérobée le reste de la famille. Il y a Martine, l'aînée, et Anne, la seconde. À tout juste dix-huit ans – trois ans de plus que Jean-Christophe –, cette brune à la taille de guêpe et aux airs de sauvageonne conjugue la retenue de ses manières rangées à l'audace de son regard vert d'eau. Elle a le charme des presque femmes sans façons et sans fard, qui détestent les poses. Elle apprécie la solitude, les lectures à voix basse, les gens qui savent parler mais aiment aussi se taire.

Anne note les sourires répétés, les battements de paupières de l'hôte de ses parents. Elle écoute charmée ces noms d'écrivains qui peuplent la conversation de l'invité, si différent des patrons et grands industriels d'ordinaire conviés à souper chez les Pingeot. Elle rencontre le ministre, devine le lecteur, soupçonne le romantique. Il a du charisme. Elle, du caractère. Il pose des questions. Elle n'a pas peur de répondre, de cette voix de tête qui déroute d'abord. Lorsqu'elle lui raconte sa passion du dessin – elle possède un excellent coup de crayon –, François Mitterrand écoute, approuve, conseille de sa voix sucrée. Anne rit de ce rire cristallin des très bonnes familles. Il la fascine et l'intimide.

Qui comprend alors ce qui s'ébauche, cet été, entre cette jeune fille de dix-huit ans et cet homme de quarante-cinq ans ? Personne, ou presque. Les parents Pingeot n'ont pas vu leur cadette grandir, même si elle est aujourd'hui bachelière. Ils ne veulent retenir que cette petite fille de treize ans, qui, en aube, avait fêté avec les paroissiens d'Hossegor l'installation de nouvelles cloches à l'église Sainte-Trinité. L'épiscopat avait en effet fait appel à la générosité des familles fortunées. Les très fidèles Pingeot s'étaient naturellement retrouvés parmi les principaux donateurs. Les deux filles aînées avaient été consacrées marraines des carillons. Aujourd'hui encore, les luminis de la chapelle de la Vierge d'Hossegor éclairent la plaque qui célèbre ce «*30 juillet 1956*» où l'évêque de Dax avait béni les cloches, et gravé – pour toujours – le nom de «*Pingeot Anne*» dans le marbre blanc.

À cette époque, Danielle connaît déjà les manières de collectionneur de son mari et son désir insatiable de se prouver qu'il peut faire succomber les femmes. Ses meilleurs amis, comme Roger-Patrice Pelat, l'ont initié à l'ivresse des conquêtes. Les soubresauts de la IVe République ont fait le reste. Il s'émancipe à mesure qu'il gravit les marches de l'appareil socialiste et s'impose dans la valse des gouvernements. En tout, onze ministères, depuis celui des Anciens combattants en 1947, jusqu'à l'Intérieur, avec Pierre Mendès France, en 1954, puis la Justice, en 1956, sous Guy Mollet. À l'inverse de nombre d'hommes politiques, François Mitterrand commence par les maroquins avant de devenir tribun.

En rompant leurs fiançailles en 1941, sa fiancée Marie-Louise Terrasse – la future speakerine Catherine Langeais – avait laissé transi de désespoir un jeune homme timide, poète amateur et auteur de deux mille quatre cents lettres d'amour chaque jour plus lyriques. Avec les honneurs, l'éternel soupirant prend de l'assurance et se découvre des manières de don Juan. Il veut les séduire toutes, sinon les conquérir : brunes et blondes, celles à peine écloses et celles qui ont vécu, les militantes socialistes autant que les starlettes. Voilà le garde des Sceaux, au festival de Cannes, en 1956, smoking au revers de satin, jouant les galants auprès de Brigitte Bardot, que vient de lui présenter sa belle-sœur, Christine Gouze, devenue productrice de cinéma. Un cliché le montre hypnotisé par les courbes parfaites de « BB », sous les yeux de Danielle, moue boudeuse, éclipsée et agacée par le futur sex-symbol de *Et Dieu créa la femme*.

Cette frénésie de conquêtes et d'infidélités rend Danielle affreusement malheureuse. Il ne veut pas rendre compte, ne s'est pas « *marié pour épouser l'Inquisition* ». Un soir, elle met son époux au défi : elle veut divorcer. François Mitterrand est abasourdi. Divorcer ? Quelle idée ! Pour l'enfant de la bourgeoisie provinciale, qui apprit l'histoire de l'Église chez les pères diocésains, ces choses-là ne se font pas. Rompre, c'est un signe de faiblesse, un « *enfantillage* », comme il dit. Le ministre sait surtout que, pour se faire élire et se hisser tout en haut du pouvoir, un divorce pour faute – à l'époque, la loi veut que l'un des deux époux soit forcément coupable – est inconcevable. Il ne peut prendre le risque de froisser la morale bourgeoise de la IVe République finissante.

Danielle est sa femme, la mère de ses deux fils. Pourquoi tout sacrifier quand on a tant besoin l'un de l'autre ? Il aime leurs grandes tables d'amis, leur maison d'Hossegor, les soirées passées à lire pendant qu'elle tricote, au 4, rue Guynemer, face au jardin du Luxembourg. Il ne peut se passer de l'oreille de la militante qui écoute, chaque jour au petit-déjeuner, les confidences, les espoirs et les découragements du responsable politique.

À l'orée des années 1960, François propose donc un pacte. Dorénavant, chacun mènera son chemin, sans rendre de comptes à l'autre. Pas de liaisons affichées, pas d'humiliations publiques. Ils sont libres ; pour tout le reste – les enfants, la famille, les amis, et surtout la France – ils demeurent un couple. François est un personnage public, il faudra garder le secret. Danielle boude, mais finit par se plier aux *desiderata* de son mari, et, pour ne pas demeurer en reste, décide de mener elle aussi sa vie. Ainsi, quelques années plus tard, lorsque François épie Anne sur la terrasse de la villa Lohia, le ménage Mitterrand s'est déjà transformé en un duo raisonné de célibataires, aux destins inséparables, à la tendresse inaltérable, mais aux partitions amoureuses séparées.

Thérèse Pingeot ignore évidemment tout de cet arrangement. Un soir d'été de 1961, elle demande au nouvel ami de la famille, qui, se flatte-t-elle, ne lui refuse rien :

– *Dites-moi, cher François, ma fille veut suivre des études d'art. Elle monte à Paris à la rentrée. Nous ne connaissons pas grand monde dans la capitale. Vous ne voudriez pas la prendre un peu sous votre aile ?*

– *Comptez sur moi, Thérèse. Je m'en occuperai.*

II

Gordes, la maison qui n'existe pas

« Comme en pleins champs,
dans les villes et dans les villages,
la lumière de cette chaleur était
aussi mystérieuse que le brouillard.
D'un côté de la rue à l'autre, elle faisait
disparaître les murs des maisons. »

Jean Giono, *Le Hussard sur le toit.*

À l'aube des années 1960, Anne Pingeot monte donc à la capitale pour préparer deux licences, en droit et en lettres, qu'elle obtient avec succès. Elle envisage tout d'abord la sage carrière de professeur de dessin. Mais le jour des résultats de l'examen, elle lit trop vite la liste des reçus et se croit recalée. Acte manqué, peut-être. L'étudiante nourrit en effet une passion pour l'art, et veut mettre son ambition au service du meilleur. Elle franchit le pas en s'inscrivant à la prestigieuse École du Louvre et à celle des métiers d'art.

L'éducation de la jeune Clermontoise ne se limite pas aux seules salles de classe. Entre deux cours, elle profite de sa nouvelle liberté pour courir les musées. Elle revoit aussi l'ami de ses parents, François Mitterrand. Dîners, visites d'exposition, promenades au Louvre, causeries au jardin du Luxembourg ou sur le long ruban des quais de Seine... L'étudiante rieuse et érudite s'épanouit au bras du père de famille, qui rajeunit avec elle.

Avec son foulard et son chignon, Anne évoque ces jeunes filles des années 1930 qui causèrent les premiers émois du timide adolescent Mitterrand. L'ombrelle blanche qui l'abrite parfois rappelle aussi ces héroïnes passionnées du XIXe siècle et ces figures impressionnistes de Caillebotte ou de Monet. «*Elle ressemble à ce qu'elle étudie*», sourit François Mitterrand. Elle a vingt ans, lui quarante-sept. Malgré les interdits, une liaison se noue.

À l'époque, ils ne vivent qu'à quelques rues l'un de l'autre : l'ancien ministre avec sa famille, dans l'immeuble bourgeois de la rue Guynemer. Anne, vers la rue Saint-Placide, tout près du Bon Marché. L'étudiante partage un appartement avec une amie – dont, pour l'anecdote, le fiancé sera nommé en 1981 patron d'une petite banque nationalisée. Mais bientôt, chaque rencontre devient une aventure, obligeant à des ruses et des cachotteries qui mettent Anne, d'un tempérament spontané, terriblement mal à l'aise.

Étrange période que traverse l'ancien garde des Sceaux. Le souvenir du vrai-faux attentat de l'Observatoire, qui, à l'automne 1959, l'avait couvert de ridicule et discrédité dans toute la classe politique, reste cuisant. Ses adversaires le savent et lancent des «*Pesquet! Pesquet!*» – du nom de l'ancien député poujadiste mêlé à l'affaire – dès qu'il ose prendre la parole en public. Ses soutiens politiques sont rares, hormis Mendès et François Mauriac, qui le défend dans son bloc-notes de *L'Express*. Henri Frenay, l'ami cher, l'ancien chef de Résistance, le parrain de son fils Gilbert, l'a délaissé, comme tant d'autres. Mitterrand ressemble alors à un «*fantôme*», au «*type d'homme de la IV*e *République que les Français ne veulent pas voir*», comme le lui lâche un jour, un brin cruel, le Premier ministre Georges Pompidou. C'est avec une fureur froide et l'esprit revanchard que l'homme blessé publie, en 1964, *Le Coup d'État permanent*, son pamphlet antigaulliste. «*Mon meilleur livre*», dit-il.

L'ouvrage, qui règle son compte à l'autorité et au paternalisme écrasant de l'homme du 18 Juin, replace François Mitterrand sur l'échiquier politique. Cet été 1965, sur le patio de la villa d'Hossegor, un ballet ininterrompu de journalistes et de fidèles – Georges Dayan, Charles Hernu, ancien mendésiste et fondateur du Club des jacobins, Roland Dumas, le sémillant avocat rencontré dans les années 1950, Louis Mermaz et Claude Estier – laisse deviner qu'un événement se prépare. Les déjeuners se transforment en bureaux politiques où l'on chuchote et d'où sont exclus épouses et enfants. « *Ne retourne pas dans cette bagarre !* supplie Danielle. *Pourquoi fais-tu ça ? C'est une histoire à prendre des coups et à perdre la tranquillité.* »

Mais son mari n'entend pas. L'ancien ministre tient à descendre dans l'arène pour se mesurer au géant de l'Histoire. En septembre, le député de la Nièvre annonce sa candidature à la première élection présidentielle au suffrage universel direct. Personne ne croit à ses chances. Lui moins encore que les autres. Le 5 décembre 1965, contre toute attente, François Mitterrand obtient 31,7 % des suffrages, plaçant l'intouchable général en ballottage. Le 19 décembre, le général de Gaulle sort vainqueur du second tour. Avec 44,8 % des voix – soit trois millions de plus qu'au premier tour –, le candidat de la gauche peut toutefois s'enorgueillir d'un spectaculaire bilan. Le « fantôme » a fait trembler la statue du Commandeur.

Voilà Mitterrand légitimé en chef de la gauche, presque en homme d'État. Sa carrière connaît un second souffle. Et pourtant, c'est avec les mêmes désinvolture et sens du cloisonnement que cet homme sans montre règle – improvise, dirait-on – son emploi du temps. Un jour, son ami André Rousselet lui demande :

– *Si vous deviez donner un pourcentage de ce que l'on connaît de votre vie, quel serait votre chiffre ?*

– *Allez-y, hasardez-vous*, répond Mitterrand, avec coquetterie.

– *Je ne sais pas, disons trente pour cent.*

– *Trente pour cent, c'est beaucoup*... sourit l'autre.

Il n'empêche, la liberté demande parfois un peu d'aide. François Mitterrand et Anne ne veulent plus se contenter d'instants volés. Il aimerait qu'elle le suive dans ses meetings, elle rêverait de s'envoler avec lui en week-end, pour Florence, Venise et peut-être même un jour l'Égypte. Pour cela, il faut quelques appuis sûrs, amis ingénieux, hospitaliers et discrets. Se met ainsi en place, de manière informelle tout d'abord puis de façon quasi institutionnalisée, une très efficace garde rapprochée destinée à abriter les amours interdites du couple. Les deux piliers de cette architecture invisible se nomment François de Grossouvre et Laurence Soudet. Ces deux-là ne se ressemblent pas, se voient peu et ne s'apprécient guère. Un pacte d'inimitié et de silence comme Mitterrand les affectionne les réunit pourtant, intendants secrets et ombres accommodantes du futur Président et de sa jeune compagne.

C'est à la fin des années 1950 que le marquis François Durand de Grossouvre, fils de banquier, médecin devenu industriel, fait la connaissance de

François Mitterrand, à la faveur d'un déjeuner organisé par Mendès au Berkeley, avenue Matignon. À première vue, les deux hommes n'ont pas grand-chose en commun : François Mitterrand aime la marche, les ânes et méprise la chasse. Grossouvre est aussi élégant cavalier qu'excellent fusil. Avec sa barbichette taillée en pointe, sa collection de fines chaussures italiennes, son œil souvent triste et ses airs de conspirateur, cet ancien correspondant du SDECE, l'ancêtre de la DGSE, oscille entre ces figures nimbées d'ombre des romans d'espionnage et le mousquetaire des récits de cape et d'épée. On l'imagine Valois, paré d'un jabot de dentelle et armé d'une rapière.

Entre l'homme de droite élégant et fortuné et l'ancien ministre de gauche, la relation se noue lors d'un voyage en Chine, en 1961. De quoi ces deux-là parlent-ils – chuchotent-ils, plutôt, tant les autres semblent exclus de leurs apartés ? De stratégie politique, de femmes, d'argent et, très vite, de pure intendance. Grossouvre devient l'homme des rendez-vous clandestins, et bientôt des œuvres plus ou moins contestables.

C'est un peu plus tard, vers 1963, que François Mitterrand fait la connaissance de Laurence Soudet, seconde épouse de son ami Pierre Soudet, conseiller d'État, que le jeune garde des Sceaux avait fait entrer à son cabinet en 1956. La disponibilité de cette brune fluette au teint toujours hâlé et à la volubilité héritée de ses origines espagnoles séduisent vite l'ambitieux Mitterrand. Laurence sait tout, voit tout. Surtout, elle a de l'entregent. L'ancienne mendésiste cultive ses amitiés aussi bien en politique que dans le milieu des affaires. Cette énergie et ce carnet d'adresses, Laurence Soudet va les mettre au service du rival de de Gaulle. Elle le côtoie au comité de rédaction de la revue *Les Cahiers de la République*. Lui prête les locaux de sa librairie, « Échanges », au 25, rue du Louvre, pour y installer le QG de la campagne de 1965. C'est elle, encore, qui présente Jean-Pierre Chevènement et Didier Motchane à François Mitterrand à la fin des années 1960, puis Pierre Bérégovoy.

Mais Laurence Soudet ne prête pas son amitié au seul politique. Très vite, elle épaule Anne dans ses premiers pas de femme de l'ombre. Elle joue les chaperons dans les meetings du premier secrétaire, et les confidentes lorsque celui-ci disparaît trop longtemps – ce qui se produit souvent. Laurence Soudet est l'élément féminin du dispositif, l'« intendante » en quelque sorte. Jusqu'au bout, elle ne dérogera jamais au rituel du coup de téléphone matinal, pour s'assurer que tout va bien.

Aussi, lorsque Anne Pingeot et François Mitterrand décident de s'échapper de ce VIe arrondissement où bat le cœur du Tout-Paris politique, c'est tout naturellement vers leurs deux amis qu'ils se tournent. Le nouveau président de la Fédération de la gauche démocrate et socialiste (FGDS) connaît Gordes depuis la fin des années 1950, pour y avoir souvent séjourné chez Pierre Soudet. À la mort de son ami, François Mitterrand continue de fréquenter, chez sa veuve, ce très beau village de pierre sèche bâti sur un promontoire, cerné par la garrigue et les champs d'oliviers, où résistent quelques bories. À la fin des années 1960, Gordes n'est pas encore l'annexe provençale et mondaine de Saint-Germain-des-Prés, mais son château Renaissance, son silence réveillé par le chant strident des cigales, ses lauzes de calcaire et ses lumières ocre font déjà les délices des rêveurs, des intellectuels et des peintres, comme Marc Chagall et Victor Vasarely.

Anne et François y viennent et reviennent. Bientôt, ils rêvent d'un endroit à eux. On leur recommande un agent immobilier de la région, Bernard Mathieu, militant socialiste et ami de Charles Hernu. Le même Mathieu sera d'ailleurs nommé en 1981 au Comité des chasses présidentielles, aux côtés de Roger-Patrice Pelat et François de Grossouvre. François Mitterrand déniche un petit terrain à la sortie du village, sur la route d'Apt.

Depuis la mort de l'ancien Président, le 8 janvier 1996, on a découvert l'attachement que celui-ci vouait à son écrin provençal. On sait désormais qu'il aimait y paresser, lire et oublier la politique à l'ombre des tilleuls et des cerisiers en fleur. Dans *Bouche cousue*, Mazarine Pingeot évoque le banc et la table de pierre, le portrait de Golda Meir, les repas simples faits d'œufs à la coque, de côtes d'agneau et de pommes de terre en robe des champs. On connaît beaucoup moins, en revanche, l'acte de naissance de cette maison secrète et les petits arrangements avec la vérité qui ont permis à François Mitterrand de la tenir loin des regards – et de ses déclarations de patrimoine – durant près de trente ans.

Tout commence en 1968. Le député de la Nièvre achète donc à un couple de menuisiers deux parcelles à Gordes, dans le quartier dit des Rapières. En tout, dix-sept ares, vendus treize mille francs. L'affaire est réglée à l'étude de Charles Auquier, notaire dont l'étude est située dans le village voisin de Roussillon. Quatre ans plus tard, le futur Président acquiert trois nouvelles parcelles, cette fois-ci aux lieux-dits « Le Village » et « Lourdanaud », tout près de la jolie maison des Soudet. C'est finalement sur le premier terrain que les travaux sont lancés. Une modeste maison en L, jolie sans être tape-à-l'œil, fidèle au style régional, s'élève bientôt, abritant un séjour et deux chambres. Elle est équipée du chauffage électrique et d'une cheminée. Son seul luxe est son emplacement : protégée de la route, elle regarde tout le Luberon. Ni système d'alarme ni grille n'encombrent son accès. Seule la boîte aux lettres, anonyme, distille un peu de mystère.

Gordes doit rester un sanctuaire pour Anne, François, et bientôt Mazarine. Une *terra incognita* dans la géographie mitterrandienne qui s'est enrichie, en 1965, d'un chef-lieu officiel de villégiature devenu hautement politique : Latche. Pour éviter les questions, le mieux est encore de ne pas les provoquer, se dit le candidat de la gauche à l'élection présidentielle. Très vite, un stratagème – premier d'une longue série où les fidèles tiennent à la fois lieu de mécènes et de paravents – est imaginé.

Le 16 juin 1976, une société civile immobilière, la « SCI Lourdanaud » est créée, à Trevesse, dans l'Allier, chez François de Grossouvre. « *Préparez-moi les statuts* », demande François Mitterrand à Roland Dumas. Grossouvre en détient 988 parts, son épouse, Claude, 10. Les deux dernières appartiennent à « *mademoiselle Anne Pingeot, conservateur de musée* », qui appose sa sage signature au bas des documents. Deux toutes petites parts de cent francs chacune, mais d'une valeur symbolique considérable. Comme le savent les spécialistes de l'immobilier, la constitution d'une SCI permet la transmission en douceur de son patrimoine à sa descendance. « *Ma maison* », dit d'ailleurs aujourd'hui Mazarine Pingeot en parlant de Gordes.

Car ce sont bien – surprise – Danielle et François Mitterrand ensemble qui vendent, à l'automne 1976, la propriété de Gordes à la SCI et donc aux Grossouvre et à Anne Pingeot. Marié sans contrat et donc sous le régime de la « communauté de meubles et acquêts », le futur Président ne peut disposer de son bien sans l'accord – et la signature – de sa femme. L'épouse qui cède à l'amante une part du patrimoine familial, même Mauriac, fin conteur des grands et petits compromis de la bourgeoisie provinciale, n'aurait osé l'imaginer. Me Jacques Marty, notaire à Saint-Pourçain-sur-Sioule, va, lui, en rédiger l'acte. Le 23 octobre 1976, Danielle se rend ainsi dans l'Allier pour parapher l'acte de vente aux côtés de son époux et de Grossouvre, gérant de la SCI.

L'ensemble de la propriété est cédé pour la somme de cent quatre-vingt-cinq mille francs. Le généreux marquis débourse comptant quatre-vingts mille francs, le reste étant à la charge de la SCI. Peu à peu, l'« intendant » cède ses parts à Anne Pingeot, n'en conservant qu'une seule à titre symbolique. Pour mieux brouiller les pistes, Laurence Soudet en acquiert aussi quelques-unes. Et le tour de passe-passe immobilier est joué.

En octobre 1976, au *Nouvel Observateur* qui enquête sur le patrimoine des élus, le maire de Château-Chinon peut donc sans mentir assurer qu'il a revendu sa maison de Gordes. Il oublie juste de préciser qu'il continue de s'y reposer régulièrement et que ses propriétaires officiels n'y mettent jamais les pieds. Même mensonge par omission cinq ans plus tard, le 22 mai 1981. Dans un louable élan de transparence, celui qui vient d'être élu chef de l'État livre, alors qu'aucun texte ne l'y contraint encore, le détail de son patrimoine : les cent soixante-six mètres carrés de la rue de Bièvre, les vingt-deux hectares de Latche, le livret de caisse d'épargne et même le compte inscrit au Crédit Lyonnais, tout est examiné dans le menu. À l'exception de Gordes, bien sûr, la maison qui n'existe pas.

Au fil des ans, Anne Pingeot devient l'associée majoritaire et la gérante de la SCI Lourdanaud, dorénavant domiciliée à son adresse parisienne de la rue Jacob. Le jardin se transforme en verger. Les murs se tapissent de livres. La maison s'agrandit. Le village, lui, s'accoutume à la présence feutrée de son hôte de renom. Au bistrot, on surnomme en plaisantant «*Mitterrand*» le labrador du chef de l'État, qui vient parfois fureter sur la place du village. Anne vient se ravitailler en fruits et légumes à l'«Oustau de Nadine», une petite épicerie qui prend l'ombre juste derrière le château.

Mitterrand, lui, ne se laisse jamais voir. Il néglige les meetings du Cercle républicain, ne vient pas serrer la main de M. le maire, se fiche comme d'une guigne du musée de l'Art cinétique dédié à Vasarely, ne croise que très rarement les socialistes locaux ou les migrants de la transhumance estivale. Combien en effet se sont installés ou ont posé leurs valises, un été, dans ce petit carré chic de Provence dans l'espoir, peut-être, de pouvoir glisser un jour qu'ils apprécient eux aussi le «*Lu-beu-ron*»? Base arrière socialiste lors du festival d'Avignon, la région accueille Laurent Fabius, Jean-Noël Jeanneney, Jean-Denis Bredin, Georges Fillioud, ou encore Jack Lang, habitué de Bonnieux.

Les rares fois où François Mitterrand se mêle aux autres, c'est toujours sur la terrasse de Laurence Soudet, où il vient dîner ou regarder les informations à la télévision. Les conciliabules partisans, puis les messes basses diplomatiques sont le domaine réservé de Latche. Et puis, n'est-ce pas bien plus amusant de faire venir le voisin du Luberon, Jack Lang, jusque dans les Landes? Parfois, le travail le rattrape : c'est à Gordes que François Mitterrand rédige en 1988 la *Lettre à tous les Français*, en liaison avec son conseiller économique à l'Élysée, Hervé Hannoun.

Plus encore après son élection, le père de Mazarine joue ici l'absolue discrétion. À peine la presse locale s'étonne-t-elle de ses apparitions impromptues au festival d'Avignon. Tout juste si on s'interroge de le voir choisir, en juin 1990, le village de Cabrières-les-Avignon, séparé de Gordes par le seul vallon de la Sénancole, pour lancer la campagne anti-incendie de Lionel Jospin, «Fais gaffe au feu».

Le plus souvent, un avion du Glam dépose la petite famille à la base militaire de Salon-de-Provence, d'où une voiture la mène jusqu'au village.

Les directeurs de cabinet successifs du Président veillent à réserver à des hommes sûrs les postes de préfet. Les élus et les gendarmes du Vaucluse ne sont, eux, jamais tenus informés du calendrier des allées et venues présidentielles. On ne le voit pas, alors on l'imagine : en 2CV, avant son élection en mai 1981. À bord d'un mystérieux hélicoptère blanc, une fois au pouvoir. Parfois, c'est juste son chapeau de paille et sa canne que l'on pense reconnaître, comme ce jour d'été où les abords de Lourdanaud sont pris par les flammes. En fait, les seules informations dont disposent les «képis» du coin sont celles qu'ils volent à la jumelle. «*On passe notre vie à l'espionner*, râlent-ils, vexés d'être tenus à l'écart par la garde rapprochée du Président. *S'il arrivait quelque chose, ce serait notre faute! Chaque fois qu'on le voit la tête dans ses cerisiers, on se dit : pourvu qu'il ne tombe pas!*»

De concert, Maurice Chabert, maire du village depuis 1983, et les gardes du corps finissent par dissiper le malentendu : une petite antenne satellite est installée sur le toit de la mairie de Gordes. Dès lors, les membres de la garde rapprochée savent qu'ils doivent impérativement «pointer» à l'hôtel de ville à chacune des visites présidentielles. À l'aide d'un trousseau de clés, ils se glissent à l'intérieur de la bâtisse pour activer la ligne téléphonique protégée, signe de l'arrivée du Président. François Mitterrand peut ainsi continuer tranquillement à goûter la quiétude provençale sans que personne en prenne ombrage.

Mais voilà qu'un matin de 1983 Jean-Claude Colliard, directeur du cabinet du Président, reçoit un appel de Charles Debbasch. L'ancien conseiller de Giscard et influent doyen de la faculté d'Aix dissimule mal sa fébrilité : la fondation Vasarely, qu'il préside, fait l'objet d'une enquête financière. Des premières dissensions naissent avec les héritiers du peintre d'origine hongroise, qui l'accuseront plus tard de pillage et de détournements de fonds.

– *On me cherche des histoires sur Vasarely*, commence le professeur de droit administratif. *Si cela ne cesse pas, je dis tout ce que je sais sur Gordes et Mitterrand !*

– *Calmez-vous. Je ne suis au courant de rien dans cette histoire. Mais cette conversation ne me semble digne ni du juriste ni de l'ancien conseiller à la présidence que vous êtes. Je vous souhaite une bonne journée.*

Le redoutable Charles Debbasch ne mettra pas sa menace à exécution. C'est un autre spécialiste du droit qui va s'en charger, dix ans plus tard. Lorsque le juge Thierry Jean-Pierre commence à s'intéresser aux finances troubles de Roger-Patrice Pelat, l'ami de stalag du Président, décédé en mars 1989, il est loin d'être un inconnu pour la gauche. C'est même l'un de ses pires ennemis, pour avoir perquisitionné, en 1991, devant toutes les caméras de

France, le siège du cabinet d'études Urba Gracco, qui finançait illégalement le PS. L'affaire avait beaucoup amusé les rangs de la droite à l'Assemblée nationale. Beaucoup moins la gauche. «*Cambriolage judiciaire!*» avait tonné Henri Nallet, le garde des Sceaux.

Une nouvelle fois, le «petit juge» sarthois va faire parler de lui. Aidé de quarante hommes, dans le silence de la «Cathédrale» – le centre des archives bancaires, situé en banlieue parisienne –, il entreprend de dévider la pelote des comptes de Pelat. Au fil de son enquête – dont le plus célèbre volet aboutira au prêt de un million de francs nets d'intérêts accordé à Pierre Bérégovoy –, il découvre que l'entourage direct de Mitterrand a bénéficié des largesses de Vibrachoc, la société de Pelat rachetée par une entreprise nationalisée en 1982 à un prix jugé exorbitant. Le Président lui-même a perçu des honoraires, de même que son fils Gilbert.

Une autre opération intrigue Thierry Jean-Pierre. Il s'agit d'un chèque de deux cent soixante-dix mille francs établi le 16 décembre 1986 par le décidément généreux Pelat à l'ordre d'une certaine «*Anne Pingeot*». Pingeot, ce nom lui est inconnu. Mais la panique qui s'empare de certains membres du clan présidentiel met vite la puce à l'oreille du tenace magistrat. Préservé jusque-là, voilà que le nom de la mère de Mazarine apparaît soudain dans une procédure judiciaire, au côté de celui de

François Mitterrand ! *Le Point*, qui, dans son numéro du 8 janvier 1994, publie l'intégralité du rapport du juge, a beau protéger la conservatrice d'un pudique « *Mme P.* », Mitterrand frémit.

Il n'y a guère que François de Grossouvre pour ne pas s'affoler. Il faut dire que le marquis, entré en disgrâce depuis plusieurs années, en veut alors de manière obsessionnelle au Président. Il reçoit et alimente une poignée de fidèles journalistes en détails et anecdotes. Il est même entendu chez lui, quai Branly, par le juge Jean-Pierre, qui bute sur l'écheveau Pelat. Sur procès-verbal, Grossouvre explique : « *Il y a plus de vingt-cinq ans, François Mitterrand m'a dit qu'il avait trouvé une maison en mauvais état à Gordes et m'a proposé de l'acheter avec lui, ce que j'ai accepté.* » Puis, avec une belle maîtrise de l'art de la litote : « *Je connais Mme Pingeot depuis longtemps, je connais sa famille... Je ne l'ai pas rencontrée depuis plusieurs mois, je la rencontrais soit à son domicile... soit chez moi... et je l'ai croisée au quai Branly. J'ai effectivement vu Mme Pingeot plusieurs fois au quai Branly, et je n'ai pas à en dire plus, ne souhaitant pas m'occuper de la vie privée de Mme Pingeot* », confie l'ami blessé.

Pour François Mitterrand, l'histoire se terminera bien. En 1996, la Cour de cassation estimera en effet que le juge d'instruction avait largement outrepassé sa saisine initiale et annulera toute l'enquête. Comme l'exige la loi, les cinquante-trois tomes du dossier Pelat seront alors détruits. Roger-Patrice Pelat, François Mitterrand et Thierry Jean-Pierre sont morts. Aujourd'hui encore, le mystère reste entier : à quoi donc ont servi les deux cent soixante-dix mille francs versés à l'hiver 1986 par le sulfureux ami du Président à Anne Pingeot ?

III

La petite phrase de Giscard

« Anne, elle, connaît [le plein amour qui renverse tout]. Elle pense avec moi : "Une femme devient l'épouse d'un homme non par des cérémonies, mais par l'attente et le renoncement." »

Henri-Pierre Roché,
Deux Anglaises et le continent.

Le 2 avril 1974, Georges Pompidou meurt, emporté par un cancer du poumon et ses métastases osseuses, dans son appartement du quai de Béthune, deux ans avant la fin de son mandat. La France le savait malade depuis plusieurs mois, même si l'Élysée et la Ve République niaient farouchement l'évidence : ce visage bouffi par la cortisone, ces rictus de douleur lors de ses dernières apparitions publiques, cette silhouette alourdie et affaiblie ployant sous la charge de l'État. François Mitterrand, qui fut l'un des seuls à refuser d'évoquer publiquement la maladie du Président, apprend la nouvelle du décès alors qu'il prépare un discours, attablé, seul, chez « Lipp ».

Tourné tout entier vers la prochaine élection présidentielle de 1976, le député de la Nièvre est pris de court par cette nouvelle brutale. Il a compris que l'accomplissement de son destin passait par le contrôle de l'appareil socialiste et un patient travail de digestion du Parti communiste. À peine a-t-il adhéré au tout jeune PS qu'il en devient le patron, en juin 1971, lors du célèbre congrès d'Épinay. Autour de lui, un bataillon hétéroclite : Gaston Defferre, le socialo-centriste, Jean-Pierre Chevènement, le gaucho-nationaliste, Pierre Joxe, le marxiste nourri de Saint-Just, et Pierre Mauroy, alors le « droitiste » de la bande – à l'époque, dans le Nord, l'anticommunisme vous poussait vers le centre.

François Mitterrand a battu Guy Mollet et son double langage mais surtout le premier secrétaire Alain Savary, le « juste » – qui avait quitté en 1956 le cabinet Guy Mollet pour marquer son désaccord avec la politique menée en Algérie, quand Mitterrand y était resté jusqu'au bout. Queues de comète de Mai 1968, les années restent ouvertement gauchisantes : c'est l'époque où le fils de la bourgeoisie charentaise conspue « *l'argent qui tue, qui achète, qui ruine, qui pourrit jusqu'à la conscience des hommes* ». Il fait l'éloge de la « *révolution* » et explique qu'il n'y a pas de socialisme sans « *appropriation collective des moyens de production* ».

Les notables socialistes s'effraient de ces œillades appuyées en direction de la place du Colonel-Fabien. Mitterrand, lui, sait parfaitement où il va. Alchimiste par nécessité, il s'allie un an plus tard avec le frère ennemi, pour mieux s'emparer des cinq millions de voix « rouges » et « *refaire un grand parti socialiste sur le terrain occupé par le PC lui-même* ». C'est le Programme commun de gouvernement, signé le 27 juin 1972, après de longues nuits de négociations avec Pierre Mauroy, Gaston Defferre, Roland Leroy et Georges Marchais, ainsi que les radicaux de gauche. Le numéro un socialiste pense avoir le temps pour lui. Son horizon proche, c'est 1976. C'est cette année-là qu'il veut prendre la France.

La mort de Pompidou bouleverse ce minutieux plan de bataille. En quelques jours, François Mitterrand est propulsé candidat unique de la gauche. Face à lui, une droite tiraillée entre ses différents courants : le gaulliste hétérodoxe de la nouvelle société Jacques Chaban-Delmas, le maire de Tours, Jean Royer, candidat d'une France qui ne se résout pas à admettre qu'il s'est passé quelque chose en 1968, et le ministre des Finances, Valéry Giscard d'Estaing, soutenu en sous-main par Jacques Chirac. « *Mes chances ? Cinquante-cinquante, avec un petit quelque chose en moins* », confie alors François Mitterrand au journaliste Alain Duhamel.

Le premier tour est fixé au 5 mai. La campagne prend vite des allures américaines et s'emballe comme un film en accéléré : trente-deux meetings en quarante jours aux quatre coins de la France. Le 22 avril, l'une de ses sept grandes conférences de presse s'intéresse aux questions féministes, sous le titre : « Femmes de l'an 2000 ». Devant les militants, il plaide pour leur émancipation et leur promotion, il renouvelle son appel en faveur de la liberté de contraception, comme lors de la campagne de 1965, en insistant cette fois sur le droit des mineures à en user. Son épouse Danielle est à ses côtés.

Anne ne s'est jamais intéressée à la politique. Elle le suit pourtant dès qu'elle peut, discrète, partageant une voiture ou un repas, se fondant dans les meetings, invisible. La jeune femme ne raffole pas de ces escapades militantes où elle doit vouvoyer celui qu'elle appelle «*François Mitterrand*». À ces déjeuners de camarades ou ces dîners dans les restaurants parisiens, elle préfère la discrétion et la simplicité de la cantine des musées où elle travaille. Mais ces tablées où elle se noie, anonyme, c'est toujours un peu de temps partagé avec l'homme qu'elle aime. Elle fait l'apprentissage de ces fins de meeting où l'on doit se glisser sans tarder dans l'une des 504 ou des R16 qui démarrent en trombe dans le sillage de celle du candidat.

On connaît le premier secrétaire du PS frivole, grand amateur de femmes, pouvant citer des pages entières des *Mémoires* de Casanova. Pour l'entourage du candidat, Anne n'est qu'une des nombreuses admiratrices du chef du Parti socialiste. François de Grossouvre et Jean-Claude Colliard – futur directeur du cabinet de François Mitterrand – servent de chauffeurs et, occasionnellement, de gardes du corps à ce couple qui se frôle. Le premier secrétaire du PS confie aussi sa protégée à Laurence Soudet, à Mary Sills, chargée de la presse au parti, ou encore à la jeune journaliste du *Nouvel Observateur* Kathleen Evin, qu'il apprécie : «*Elle est là. Occupez-vous d'elle.*»

On commence à s'interroger. «*Mais que lui trouvez-vous donc, à Mlle Pingeot?*» demande une proche collaboratrice à François Mitterrand. Celui-ci se fait solennel : «*C'est une femme très très bien.*» Un jour, c'est Colliard qui chuchote à Grossouvre : «*Qui donc est cette jeune femme?*» La réponse l'intrigue : «*Ni tout à fait unique ni tout à fait la même que les autres*», répond, mystérieux, le confident du candidat. Dans le tourbillon de sa vie, elle est un «*point fixe*».

Anne a désormais passé trente ans, l'âge où l'on rêve de construire une famille et où l'on s'enhardit. De temps en temps, de plus en plus souvent, elle fait part à son amant de son désir d'enfant. Sa mère, Thérèse Pingeot, garde l'espoir que l'époux infidèle divorcera bientôt et rendra son honneur à sa fille : une femme honnête doit être mariée. Anne, elle, a compris qu'il ne fallait pas compter sur des noces. Elle ressemble aux héroïnes anglaises passionnées de Henri-Pierre Roché, que François Mitterrand aime tant. Elle est entrée dans son histoire d'amour comme une religieuse au carmel. Mais un enfant, elle ne veut pas y renoncer. S'il veut la garder, il doit consentir à ce gage d'amour. « *Cinquante-huit ans, c'est âgé, on ne programme pas des orphelins* », répond François Mitterrand. Anne s'éloigne quelques mois.

C'est alors que le candidat reçoit une bien étrange lettre. À chaque campagne électorale, on le sait, les corbeaux rôdent autour des locaux des partis. Un jour, Laurence Soudet décachette, au QG de campagne installé dans la tour Montparnasse toute neuve, un pli anonyme. À l'intérieur, des documents évoquant un divorce imminent entre l'ancien ministre des Finances VGE et sa femme, Anne-Aymone. Vrai ? Faux ? Laurence Soudet tend l'enveloppe à François Mitterrand, qui la repousse d'un air dégoûté. « *Il n'est pas question d'utiliser cela* », coupe le candidat socialiste. Pour lui, le secret de la vie privée est un tabou indépassable. Il a beau prêter une oreille ravie aux petites histoires sentimentales dont bruisse le Tout-Paris, il pense que les hommes politiques doivent se battre avec d'autres armes. Il croit que son rival est du même avis.

Giscard a appris très tôt la liaison de son concurrent avec la fille de ses amis Pingeot. Il a souri lorsque, à quelques jours du scrutin, leurs deux avions privés de campagne se sont succédé, incognito, à quelques minutes près, sur le tarmac de Vichy, choisi par les deux hommes pour éviter les photographes de la presse locale. « *Quand je pense que les deux candidats à l'élection de dimanche se retrouvent ensemble dans ce petit aéroport !* » s'était amusé le candidat de la droite, auquel la tour de contrôle avait demandé de céder la politesse. Giscard s'est toujours tu. Mais, en ce printemps 1974, l'enjeu est immense. L'Élysée tend les bras à ce technocrate virtuose, en passe de devenir le plus jeune président de la République française. Comment pourrait-il résister au plaisir de donner quelques sueurs froides à son challenger impatient ? Pourquoi ne pas s'amuser un peu aux dépens de son rival ?

Le 10 mai 1974, les deux vainqueurs du premier tour se retrouvent face à face, entre les journalistes Alain Duhamel et Jacqueline Baudrier, pour un rendez-vous télévisé historique. Avec respectivement 32,6 % et 43,26 % des voix – dix points de plus qu'en 1965 –, l'ex-ministre des Finances de Georges Pompidou et le premier secrétaire du PS – de dix ans son aîné – ont balayé les autres candidats. François Mitterrand redoute les questions sur son alliance avec les communistes, soigneusement tenus à l'écart de sa campagne. Valéry Giscard d'Estaing, le favori arithmétique, préférerait que l'on n'évoque pas trop son bilan ministériel, alors que son gouvernement a été très secoué par le premier choc pétrolier et qu'il est ministre depuis douze ans. François Mitterrand n'a pas l'intention de s'en priver. À l'heure où la France s'enfonce dans la crise, il s'érige, durant une heure et demie, en candidat du «*progrès social*». «*Il y a une politique qui défend la France qui travaille, et que j'entends représenter, et une politique qui lui nuit et sert les intérêts des classes privilégiées*», assène-t-il.

«*Je trouve toujours choquant et blessant de s'arroger le monopole du cœur*, finit par répliquer VGE, outré. *Vous n'avez pas, monsieur Mitterrand, le monopole du cœur, vous ne l'avez pas. J'ai un cœur, comme le vôtre, qui bat à sa cadence, et qui est le mien. Vous n'avez pas le monopole du cœur. Et ne parlez pas aux Français de cette façon si blessante pour les autres.*»

La formule est ciselée, parfaite. Elle frappe les esprits de vingt millions de Français, entre dans l'Histoire et met à terre François Mitterrand. Personne, en revanche, même parmi les journalistes politiques, n'a relevé quelques minutes plus tôt une autre flèche, bien plus subtile, mais autrement plus perfide, décochée par le même VGE.

«*Monsieur Mitterrand*, commence-t-il en le toisant froidement dans les yeux, [...] *vous avez noté les résultats de la ville de Clermont-Ferrand. Clermont-Ferrand est une ville qui a une des plus grandes usines de France, et qui a une municipalité socialiste. Et c'est une ville qui vous connaît bien, et qui me connaît bien, et qui donc sait ce que je suis et ce que je représente. Eh bien, vous avez noté, comme moi, que la ville de Clermont-Ferrand m'a donné plus de voix qu'à vous. Et il y a des travailleurs à Clermont-Ferrand, monsieur Mitterrand.*»

Clermont-Ferrand, quatre fois citée ! Clermont-Ferrand, «*une ville qui vous connaît bien et qui me connaît bien*» ! Comment l'ami des Pingeot a-t-il osé ? Comme si la figure de Mitterrand était plus familière dans la capitale auvergnate que celle de VGE ! Comme si Clermont observait, l'œil mi-clos, ses allées et venues régulières ! Dépassé, François Mitterrand reste impassible. Les observateurs ne relèvent pas, croyant reconnaître là le goût de Giscard – qui a introduit les paper boards dans les journaux télévisés – pour les exemples concrets et la pédagogie du terrain.

Seuls quelques Clermontois identifient, derrière ces «*travailleurs*», bien entendu Michelin, mais aussi l'usine Pingeot, qui commence à ressentir les premiers effets du choc pétrolier avant de déposer son bilan, douze ans plus tard. Anne, bien sûr, a reconnu la pique, perdue au milieu de l'argumentaire. Rue Jacob, dans son fauteuil marron typiquement 1970, elle a sans doute frémi devant son poste. Comme François Mitterrand, elle comprend que la partie est perdue. Avec ou sans coup bas, Giscard a surclassé son adversaire. Neuf jours plus tard, celui-ci s'incline pour presque rien : 50,81 % des voix pour Giscard contre 49,19 % pour Mitterrand. Un petit point. Sept ans de perdus.

Personne, alors, ne devine qu'Anne est enceinte. L'enfant a été conçu peu avant la campagne. Le père de Jean-Christophe et Gilbert, qui, cette année-là, fêtent leurs vingt-huit et vingt-cinq ans, a cinquante-huit ans. Après six folles semaines dépensées en meetings électoraux, la déception pleine de promesses de la défaite du 19 mai, cette naissance qui s'annonce est un rebondissement dans l'entrelacs de ses vies compliquées. Danielle et ses électeurs ne doivent rien savoir. Il finit par sourire. Mais il veut – « *il faut* », dit-il – que ce soit une fille.

Seuls quelques intimes sont mis dans la confidence. Ceux, d'abord, qui ont depuis longtemps sa confiance : François de Grossouvre, Laurence Soudet, Georges Dayan, son ancien compagnon pendant la Résistance, l'avocat Robert Badinter et sa femme, Élisabeth. Charles Salzmann et son épouse, Monique, instruits lors d'un déjeuner au restaurant, alors qu'Anne est enceinte de cinq mois. Ce pionnier des sondages a beaucoup impressionné François Mitterrand lorsque, le soir du premier tour de l'élection de 1965, il fut le premier à annoncer la mise en ballottage du général de Gaulle. Le futur « M. Sondages » de l'Élysée sera nommé au conseil d'administration d'Air France – poste que le Président réservait aux intimes qui aimaient les voyages.

À Gordes, Anne et François livrent leur secret au Dr Madeleine Séchan – rencontrée chez les Soudet. Le premier secrétaire du PS et sa compagne apprécient ce médecin de campagne au grand cœur, qui sillonne le Luberon en oubliant souvent de faire payer la consultation : une rue du petit village de Velleron porte aujourd'hui le nom de l'accoucheuse, brutalement disparue. Le frère de Madeleine, Edmond, s'est bâti une petite notoriété dans le monde du cinéma en dirigeant la photographie du *Ballon rouge*, Palme d'or du court-métrage au festival de Cannes en 1956, film dans lequel figure un certain Renaud Séchan, alors gamin. Bien des années plus tard, le même Renaud, le neveu de la sage-femme, devenu fervent supporter du Président et chanteur à succès, composera son célèbre *Tonton, laisse pas béton*.

Vient le moment délicat d'avertir la famille. À Clermont-Ferrand, Thérèse Pingeot, si pieuse, si pratiquante, s'affole. Comment ? Un enfant hors mariage ? Et qui plus est, avec un homme marié ? Mais Anne tient à garder l'enfant. Et quand Anne veut quelque chose... Chacun tombe d'accord : Anne ne peut pas accoucher à Paris, moins encore à Clermont-Ferrand. Trop de risques d'indiscrétions. Avignon est plus discrète. Madeleine Séchan, protestante calviniste, se montre compréhensive et propose ses services. Elle réserve elle-même la chambre d'Anne, à la clinique catholique Urbain-V, aux abords de la Cité des papes, et promet de veiller sur elle et sur le nouveau-né.

Tant que sa grossesse n'est pas visible, la jeune conservatrice continue à suivre comme une ombre François Mitterrand. En juin 1974, elle l'accompagne ainsi à une fête de la rose, à Giromagny, dans le Territoire de Belfort, à l'invitation de Jean-Pierre Chevènement. Ce dernier ne pose aucune question lorsque son camarade François se présente accompagné d'une jeune dame, chez lui, à Dorans, pour partager un gigot à l'ail. Il remarque seulement, amusé, qu'elle ressemble à ces bourgeoises de province dont le maintien naturel tient lieu d'apprêt et que Mitterrand, il le sait, apprécie tant. Le déjeuner s'achèvera par une promenade improvisée de deux heures jusqu'à la chapelle de Ronchamp. À Giromagny, les centaines de militants socialistes peuvent bien attendre...

Anne s'arrondit, la clandestinité s'impose. À la fin du mois d'août, la jeune conservatrice quitte la France pour Londres, où elle séjourne quatre mois. Le 18 décembre 1974, elle regagne Avignon pour entrer à la clinique avignonnaise. Seule sa sœur est venue lui tenir la main. François, lui, a rejoint Latche. L'enfant naît à vingt-deux heures, bleue, cyanosée, au terme d'un accouchement difficile. Le lendemain, le Dr Séchan se rend à la mairie pour déclarer l'enfant : « *Mazarine, Marie, de sexe féminin, fille de Anne Pingeot, conservateur de musée, domiciliée à Paris (VIe, Seine).* » Rien de plus. Officiellement, Mazarine n'a donc pas de père. Trop risqué. Cela a été convenu entre Anne et François.

Anne cherche à le prévenir, pour lui dire que le bébé est une fille et qu'elle se porte bien. On téléphone à la bergerie des Landes. C'est la journaliste Kathleen Evin, que le maire de Château-Chinon et sa femme Danielle convient souvent à Latche, qui décroche le combiné. François Mitterrand est parti se promener seul dans la forêt de pins, explique-t-elle. Au timbre grave de la voix de l'interlocuteur, la journaliste, qui connaît bien les méandres de la vie sentimentale des Mitterrand, comprend – mais se tait. François rappellera dès qu'il rentre, c'est promis.

La jeune maman trouve refuge à Saulzet, dans la maison de maître noyée de vigne vierge de sa grand-mère, « *Mamé* », et dans cette chambre d'enfant qu'elle occupait naguère l'été, lorsqu'elle pique-niquait près des lacs d'Auvergne et des puys, entre deux descentes dans la pouzzolane. Officiellement, pour Mamé, les voisins et les visiteurs, Anne joue pendant deux mois la demoiselle de compagnie d'un nourrisson. L'aïeule mourra sans savoir que le bébé qui dort sous son toit est en réalité son arrière-petite-fille.

François Mitterrand tarde à venir. Anne s'inquiète, se désespère. Et si ce bébé ne l'intéressait pas ? Elle se souvient qu'il faisait mine de donner des coups de pied au derrière des enfants lorsqu'ils flânaient ensemble dans les allées du Luxembourg. Il n'a jamais accordé d'attention aux tout-petits. « *Un bébé, ce n'est rien. Ça ne fait que manger et singer les adultes* », raille-t-il souvent, provocateur.

Au téléphone, François met en avant ses obligations. Il rappelle que sa présence est indispensable à Latche, où il passe traditionnellement le réveillon avec Danielle et les garçons. Suit un mois de janvier très chargé. Le Parti socialiste se réunit du 31 janvier au 3 février, à Pau, pour un congrès décisif. Il veut savourer son succès : le voilà chef d'un parti qui, en deux ans, depuis le congrès d'Épinay, a doublé ses effectifs, attirant à lui, grâce aux Assises du socialisme, des syndicalistes de la CFDT et le PSU. En ces premières semaines de 1975, il profite surtout de sa force pour marginaliser le Ceres de Jean-Pierre Chevènement, dont le « *dogmatisme tatillon* » lui pose tant de soucis. Il préfère s'appuyer sur son meilleur ennemi, le « néo-travailliste » Michel Rocard, qui vient de lui rallier le PSU.

Sans doute redoute-t-il aussi, à l'âge d'être grand-père, ce nouveau rendez-vous avec la paternité. La tête de l'enfant tient dans le creux de sa main lorsqu'il la rencontre pour la première fois, à Saulzet. La petite fille ne s'appelle pas Mitterrand, mais ses prénoms ont été mûrement réfléchis. Les noms de baptême ont toujours été signifiants pour le député de la Nièvre. Son premier fils, mort en

1945 à l'âge de trois mois, et dont il ne parle jamais, s'appelait Pascal, en hommage aux *Pensées* – un «*ouvrage fondamental*», disait-il. Jean-Christophe est pour lui le héros né de l'imagination de Romain Rolland. Il aimait enfin Gilbert, dont le nom revient régulièrement depuis le XVIe siècle dans l'arbre généalogique des Mitterrand.

Marie s'impose. Marie, comme «*François, Marie, Adrien, Maurice, né le 26 octobre 1916 à Jarnac*». Marie, comme la tradition catholique l'a installée dans toute la lignée Mitterrand ou presque. Marie, comme la Vierge des prières apprises par le jeune François, pensionnaire studieux des pères diocésains à Angoulême, et qu'il va bientôt faire réciter à sa fille, sous le regard comblé d'Anne. Mais le premier prénom de l'enfant, Anne le souhaite rare, comme son histoire. François le veut unique, cardinalice. Ce sera Mazarine. Un choix qui, trente ans après, demeure un mystère soigneusement entretenu par celle-là même qui le porte : «*C'est un secret que je ne connais pas*», confie Mazarine à l'hebdomadaire *Elle*, en 2005.

Le prénom raconte en fait leur passion commune des livres et leurs promenades parisiennes. Souvent, celles-ci les mènent jusqu'à «la Mazarine», un bijou de bibliothèque, la plus ancienne de France, léguée en 1661 par le célèbre cardinal et logée dans l'une des ailes de l'Institut de France. Mazarin, l'ami des lettres et le politique virtuose, dont

François Mitterrand citait volontiers le *Bréviaire des politiciens* : «*Ne confie de secret à personne.*» De la fenêtre de son appartement, rue Jacob, Anne a toujours aimé admirer le dôme ardoise et or de l'édifice qui contemple la Seine.

IV

«Mais qui est donc cette petite fille ?»

«Paris est la première ville du monde
parce qu'on y est inconnu.»

Stendhal, *Voyage en Italie.*

«*Bon, ce sera pour la prochaine fois !*» Au lendemain de la défaite de 1974, François Mitterrand semble curieusement le moins abattu de tous les socialistes. À cinquante-cinq ans, il pensait avoir atteint la plénitude de son expérience et rêvait de l'offrir à la France. Celle-ci en a décidé autrement. «*Cette défaite est une victoire*, promet-il, philosophe, à Louis Mermaz, Claude Estier et Pierre Joxe. *Pour la première fois depuis la guerre, nous sommes plus forts que le parti communiste. Le PS est le maître du jeu.*»

«*Avec cent personnes, on tient un parti*», se convainc aussi le premier secrétaire. Pour son équipe gagnante, il veut des purs produits de l'appareil socialiste. Michel Rocard – vif, lucide, très pressé, trop bavard – n'a pas ses faveurs. Ses « sabras » – comme on les nomme en référence aux natifs de l'État d'Israël – se nomment Lionel Jospin, l'expert de l'ENA, Édith Cresson, l'ex-militante qui servait volontiers de chauffeur au premier secrétaire et se pique désormais d'économie, et Laurent Fabius, le jeune homme de bonne famille dont il a fait son dernier coup de cœur.

Les réunions du parti, ces dissertations d'idéologues qui durent des heures, l'ennuient en revanche à périr. Il les sèche souvent, leur préférant de longues balades d'une rive à l'autre aux côtés de Georges Dayan et Roger-Patrice Pelat : rue Guénégaud, rue de Seine, le long des galeries de Saint-Germain-des-Prés; la rive droite et ses librairies d'anciens – Les Arcades ou Lolliée, celle de Gérard Oberlé, rue Henner, près de la place Blanche. Il y flâne en quête d'une édition reliée de Lamartine, d'un *in-folio* de Jean Genet ou de Jacques Chardonne. Lorsqu'il trouve son bonheur, il pose simplement le doigt sur la tranche de l'ouvrage, quitte la boutique et poursuit son chemin d'un pas paisible, laissant la place à Pelat et à son épais portefeuille.

Au printemps 1975, Anne revient de Clermont-Ferrand avec son bébé. Seuls quelques intimes peuvent apercevoir la petite Mazarine, dans son lit à barreaux du trois-pièces de la rue Jacob. Officiellement, l'enfant s'appelle Marie. C'est le prénom qu'on lui donne à la crèche, puis à l'école maternelle de la rue Saint-Benoît. Anne a en effet repris son travail au Louvre, où elle travaille à constituer les premières collections de sculptures destinées au futur musée d'Orsay, discrète et appliquée. Même devant sa meilleure amie, elle se tait. Elle attendra les quatre ans de sa fille pour lui révéler son incroyable secret.

Très vite, à sa propre surprise, François Mitterrand s'émeut de cette petite fille qui lui saisit la main. Il se laisse peu à peu gagner par une tendre curiosité pour ces traits si finement dessinés, cette petite bouche sanguine et boudeuse qui, lui répète-t-on sans cesse, lui doivent tant. Il aime l'idée que cette enfant aux cheveux bruns et au teint clair porte déjà la promesse d'une grande beauté. Lui si absent lorsque Jean-Christophe et Gilbert étaient en bas âge, lui qui, comme tant de militants, les a sacrifiés à la politique, le voilà pris de passion pour une toute petite fille. Il avait envoyé en pension ses deux garçons. Il ne les a pas vus grandir. Il ne passera pas à côté de Mazarine.

François Mitterrand ressent l'amour insoupçonné de ces hommes qui deviennent père sur le tard. Dès qu'il peut s'échapper du siège du PS ou de l'Assemblée nationale, il court rue Jacob, puis chez Élisabeth Normand, la maman de Virginie, la camarade de cours préparatoire de Mazarine. Cette ravissante jeune femme blonde s'est en effet proposé de garder chez elle, après la classe, les deux amies, devenues inséparables. Anne Pingeot et François Mitterrand ont apprécié. Très vite, ils l'ont mise dans le secret. Pour aider la jeune mère divorcée, le premier secrétaire du PS lui trouve un petit emploi d'hôtesse d'accueil au parti. C'est encore lui qui lui donnera sa plus belle promotion, en 1982 : attachée de presse à l'Élysée, pendant deux septennats, puis chargée des affaires internationales à la Bibliothèque nationale de France et collaboratrice de Catherine Tasca.

Presque tous les soirs, le premier secrétaire du PS ouvre solennellement le grand livre rouge relié de la comtesse de Ségur. Il lit à Mazarine des pages entières des *Petites Filles modèles* et des *Vacances*, lui chante *À la claire fontaine*, lui raconte ce tilleul argenté qu'il a planté pour elle, à Gordes, en Provence. Il joue à cache-cache et à chat, imite la locomotive, et chaque fois Mazarine rit aux éclats. À l'âge où les enfants demandent sans cesse pourquoi, lui a toujours une réponse. La librairie Chantelivre, rue de Sèvres, près de l'hôtel Lutétia, devient l'un de ses repaires préférés.

Le père s'évade des manuels pour lui expliquer l'histoire de France vivante, et raconter, comme il le ferait de camarades, ces grands hommes qui ont changé sa vie et infléchi son destin. À trois ans, la petite fille suit son père dans le dédale froid des caves du Panthéon pour se recueillir sur les stèles de Jean Jaurès, Jean Moulin, Voltaire ou Victor Hugo, quatre ans avant la pompeuse cérémonie à la rose de son investiture. Pendant qu'Anne lui inculque les bonnes manières et surveille ses carnets de notes, François lui apprend le nom des capitales du monde, la liste de tous les rois et reines de France, en entourant chacun d'un petit roman. Il la couvre de cadeaux. Bientôt, il lui cède tout.

Il faut dire que Mazarine est attachante. Rieuse, curieuse de tout, inconsciente encore du terrible secret qui pèse sur ses frêles épaules, elle semble douée pour le bonheur. Un peu moins pour la lecture. À l'école, elle prend cette étrange habitude de lire tout haut, très fort, comme s'il lui fallait entendre le son de sa propre voix pour apprivoiser un texte et le rendre intelligible. Comment, une mauvaise élève ? s'effraie Anne. «*Il faut laisser faire, si elle préfère le sport !*» balaie François qui préfère s'improviser lecteur du soir et répétiteur, inventant des dictées qui s'échappent en digressions aussi absurdes que poétiques, et qui amusent beaucoup la petite fille.

Lors de dîners de travail, François Mitterrand s'attendrit parfois sur une mystérieuse «*petite nièce*» qui pense que Vercingétorix a été empereur, et bien après Napoléon. L'air de rien, il ne peut s'empêcher de comparer les progrès de sa fille à ceux des enfants de son entourage. Il prête ainsi beaucoup d'attention à la cadette des Burguburu, ses amis devenus ses voisins rue de Bièvre. Quand il croise la petite Julie à Cluny, en Bourgogne, il la prend sur ses genoux, lui demande de déchiffrer quelques mots. Ses parents s'étonnent de cette tendre sollicitude, sans se douter qu'elle vise à étalonner les savoirs d'une autre petite fille du même âge. L'ami Pascal Sevran ne relève pas non plus lorsque, un jour, dans le jardin des Gouze, François Mitterrand se lance tout à coup dans une critique des juges qui penchent trop facilement en faveur des femmes en cas de divorce. « *C'est souvent justifié, mais l'instinct paternel ne doit pas être nié* », conclut, énigmatique, le futur Président.

Les Burguburu ne sont pas les seuls dans l'ignorance. Jusqu'au début des années 1980, personne ne connaît l'existence de Mazarine, à l'exception du clan rapproché de François Mitterrand et de quelques rares collaborateurs : son chauffeur Pierre Tourlier, ses fidèles secrétaires Paulette Decraene et Marie-Claire Papegay, et, à partir de 1978, Marianne Delmaire, la fidèle archiviste du PS. On le sait incorrigible séducteur. Qui peut imaginer qu'il est père à nouveau ? Le siège du PS est un lieu d'intrigues et de scènes de rupture tout droit sorties du répertoire d'un théâtre de boulevard. Le mardi soir, les responsables du parti réunis au bureau national ont pris l'habitude d'accueillir, dans un silence surpris, les nouvelles et séduisantes recrues du patron, qu'ils retrouveront quelques années plus tard au faîte du pouvoir.

Anne Pingeot a toujours cultivé la discrétion comme l'un des beaux-arts. Qu'on lui demande de prendre la pose devant un objectif, y compris lors des grandes occasions, comme son anniversaire, et la voilà qui se dérobe. Son Leica, qui ne la quitte pas, n'oublie en revanche jamais de saisir tous les moments partagés avec François et Mazarine. Anne Pingeot a appris pendant ses études à photographier elle-même les sculptures, surtout celles qui dorment dans ces jardins parisiens, trop souvent oubliés, se désole-t-elle, par les habitants de la capitale. Il lui sert aussi à se construire, en clichés, cette famille qui ne peut jamais afficher son intimité. François s'agace parfois de cette manie d'artiste, avant de céder.

Invisible Anne. Lorsqu'elle l'accompagne à Château-Chinon, elle n'est qu'une militante anonyme, logée en toute discrétion à l'hôtel du Vieux-Morvan, où François Mitterrand a ses habitudes. À ses camarades socialistes, le député de la troisième circonscription de la Nièvre la présente comme la « *spécialiste mondiale du* XIXe », avant que l'intéressée ne le rabroue gentiment, les joues rosies par l'embarras. Alors que Valéry Giscard d'Estaing désacralise la fonction présidentielle en s'invitant à dîner chez l'habitant et en partageant son petit-déjeuner avec des éboueurs parisiens, rue du Faubourg-Saint-Honoré, Mitterrand jouit de la tranquillité des vaincus, oublié des flashes, ignoré des projecteurs. Le voilà qui s'enhardit : Mazarine est encore en poussette lorsqu'elle découvre la Hollande. Elle a six ans lorsqu'elle visite la mosquée al-Aqsa de Jérusalem avec son père. La présence de sa petite amie Virginie réjouit Mazarine et déjoue les soupçons. Et puis il y a aussi, bien sûr, Venise, où la petite famille séjourne chez le peintre Zoran Music et sa compagne Ida Barbarugo, qu'André Rousselet et son épouse ont présentés à François Mitterrand. Du palais Balbier Valli, proche de la Salute, ils s'échappent pour flâner dans les ruelles de la Giudecca ou déguster un chocolat au café Florian.

À Paris aussi, sa fierté de père l'emporte peu à peu sur les retenues de convenance. Ignorant les regards, les goûtant même souvent, la petite famille – souvent escortée de quelques amis, dont les Badinter – se risque ainsi au théâtre, au restaurant, au cinéma, dans la salle de projection privée d'Havas, ou plus simplement à musarder devant les vitrines. Alors que *Politique* vient d'être publié, en 1977, son auteur ne résiste pas au plaisir de montrer à sa fille les multiples portraits de son papa qui ornent la vitrine de Fayard, rue des Saint-Pères. On ferait jaser pour moins que cela. Les nouvelles vont vite entre la brasserie Lipp, les terrasses du Flore et des Deux-Magots. Certains députés et sénateurs remarquent l'étrange manège, sans rien deviner.

Aux premiers jours du printemps 1975, voilà François Mitterrand qui pousse seul un landau, place Dauphine. Devant les grilles du Palais de justice, il croise, indifférent, des avocats libérés de leurs plaidoiries. Un jour, il tombe sur son ami Roland Dumas. Les deux hommes se saluent, échangent quelques mots. François Mitterrand regarde l'avocat dans les yeux, comme si le landau n'existait pas. Roland Dumas ne pose aucune question. Pour rester dans le premier cercle mitterrandien, les malins savent se taire quand il convient.

Le VIe arrondissement est aussi celui des journalistes. Un dimanche de juillet 1976, Catherine Nay flâne à une terrasse de la rue Bonaparte, près de l'église Saint-Germain-des-prés. La future auteur du *Noir et le Rouge* lève les yeux, aperçoit Mitterrand en compagnie de deux amis et d'une petite fille d'environ dix-huit mois, assise sur la table. L'élu socialiste semble fasciné par l'enfant, s'adresse à elle comme s'ils étaient seuls au monde. Il lui dessine une poule sur la nappe en papier et articule : « *Cocotte* ». La journaliste, amusée, s'interroge brièvement : « *Mais qui est donc cette petite fille ?* »

Un autre matin, c'est un électeur de droite, domicilié rue Jacob, qui s'étonne de croiser souvent à la boulangerie François Mitterrand donnant la main à une petite « Marie » aux cheveux bruns. Le leader socialiste tente chaque fois de résister à l'index pointé sur les bonbons : « *Des Carambar ? Bon, d'accord, mais tu ne dis rien à ta maman, hein ?* »

Un peu plus tard, c'est au tour de Jacques Bouzerand, journaliste au *Point*, de surprendre François au rayon des imagiers du Père Castor, chez Chantelivre. L'amusante saynète est rapportée par son épouse Annette Kahn en une brève sans malice dans les colonnes de son journal, *Le Quotidien de Paris*. En un étrange numéro de funambule et sans jamais rien avouer, François Mitterrand s'amuse même à demander à Danièle Burguburu, la voisine et l'amie de son épouse, Danielle, de choisir à sa place une robe chez Petit Faune, le très chic magasin de vêtements pour enfants, à quelques pas du domicile d'Anne Pingeot.

Plus risqué encore, cet appel à l'aide lancé fin 1980 à Danièle Molho, journaliste politique au *Point*, croisée par hasard au pied des escaliers roulants de FAO Schwartz, le temple new-yorkais du jouet. Tous deux ont assisté au congrès organisé par les socialistes américains et disposent de quelques heures avant de rejoindre l'aéroport JFK, où les attend leur vol pour Paris. La journaliste a terminé ses cadeaux de Noël. Comme souvent, Mitterrand manque d'inspiration pour les siens.

– *Je vois que vous avez fait de nombreuses emplettes,* commence-t-il.

– *Ce sont trois bricoles pour ma fille, qui vient d'avoir six ans.*

– *Six ans, vraiment ? Montrez donc. Et accompagnez-moi, si vous le voulez bien. J'ai moi-même beaucoup de neveux et de nièces de cet âge*, lâche François Mitterrand.

Amusée, Danièle Molho sort de son sac plusieurs jouets, une salopette Osh-Kosh. Il veut les mêmes, et d'autres encore. La journaliste n'est pas dupe. Deux ans auparavant, alors qu'elle s'enlisait dans un embouteillage rue Jacob, elle avait aperçu le premier secrétaire du PS accompagné d'une jeune femme et d'un enfant à capuche sur un tricycle. Le regard de la spécialiste de la gauche avait croisé celui du futur Président. Pas un mot, pas un geste, comme un pacte de silence scellé sur un bout de trottoir.

Combien sont-ils de journalistes à connaître, avant le 10 mai 1981, le secret du futur Président ? Cinq, six, pas davantage. Par égard pour la vie de l'homme politique et celle de Danielle, son épouse, par délicatesse, surtout, envers cette petite fille qui n'a pas décidé de son incroyable destin, ces quelques-là vont se taire. Pour François Mitterrand, l'honneur est sauf, l'espoir de se hisser au sommet du pouvoir aussi. Le roman bourgeois peut se poursuivre.

François Mitterrand n'oublie en effet jamais qu'il est un homme marié. Les week-ends trouvent vite leur cérémonial parallèle. Chaque dimanche, on se retrouve pour dîner rue de Bièvre, en compagnie de Danielle, des garçons, et de quelques fidèles comme les Burguburu, Jack et Monique Lang, Roland Dumas, parfois Pierre Joxe ou Georges Kiejman, et, bien sûr, Christine Gouze-Rénal et son mari Roger Hanin. C'est toujours François qui dresse le plan de table. Lui aussi qui mène la conversation, détestant la contradiction mais posant mille questions sur la vie de chacun, entre le plateau de fruits de mer et le parfait au café. Quand ils prennent place autour de la grande table ovale de marbre blanc dessinée par le Danois Pool Kjaerholm – vendue aux enchères par Danielle en octobre 2004 pour payer la caution de son fils Jean-Christophe –, les convives ne savent jamais d'où arrive le chef des socialistes. Et devinent encore moins où il disparaît, quand sonnent onze heures.

Expert dans l'art de cloisonner ses vies, Mitterrand ondoie avec aisance dans les méandres de ses privautés. Très vite, un calendrier installe d'immuables rituels : les fêtes de Noël au côté d'Anne et Mazarine, le jour de l'an avec Danielle. Le carnaval de Venise avec sa fille, le week-end de l'Ascension en Bourgogne, d'où il part escalader la roche de Solutré ou visiter la maison de Lamartine. Les premiers jours d'été à l'ombre des cerisiers de Gordes, le mois d'août sous la cathédrale de chênes de Latche, théâtre d'un faux bonheur conjugal, mais réel et chaleureux foyer.

Si Mitterrand jongle avec ses vies avec une telle facilité, c'est qu'il peut compter sur une poignée de fidèles. Leur loyauté, leur sens de l'organisation et – il faut bien le dire – leurs portefeuilles bien garnis, allègent considérablement la logistique de la vie agitée du futur candidat de la « Force tranquille ». Charles Salzmann ouvre chaque année les portes de sa ferme de Massevacques, un hameau abandonné des Cévennes où François et Anne aiment se régaler d'omelettes aux cèpes et se promener sur les drailles, ces étroits chemins de transhumance qu'empruntent les moutons. Les Badinter les accueillent aussi dans l'Oise, dans leur moulin perdu. En Sologne, c'est Roger-Patrice Pelat qui invite le couple et la petite fille, souvent en compagnie du patron de *Matin*, Max Théret.

Mais c'est au château de Trevesse, à Lusigny, dans l'Allier, chez son confident François de Grossouvre, que le futur Président se sent à l'époque le mieux protégé. Anne et lui y disposent d'un petit pavillon, tout simple, à l'écart, baptisé la « *maison de François* ». Parfaite et charmante maîtresse de maison, Claude de Grossouvre y élève des chevaux et permet à Mazarine de faire ses premières classes de cavalière. Après mai 1981, lorsque l'emploi du temps du Président – et l'attention des médias – se densifieront, le parrain de la petite fille fera même aménager dans le domaine un petit héliport pour faciliter les allées et venues de François Mitterrand et de sa deuxième famille. Autre vertu du site : sa proximité avec Château-Chinon et Clermont-Ferrand, où le premier secrétaire du PS s'échappe souvent pour retrouver chez sa « belle-famille » Anne et Mazarine lorsque celles-ci s'y trouvent en vacances. Au volant de sa

R30 marron, Pierre Tourlier ne compte plus les kilomètres.

Gagner l'absolution de la très « comme il faut » famille Pingeot n'est pas chose facile. Les premiers temps, le futur Président hésite à franchir le seuil de la demeure de la rue de l'Oratoire. Il préfère envoyer son chauffeur ou, plus tard, l'un des policiers chargés de sa protection, chercher Anne et Mazarine, évitant ainsi le regard lourd de Pierre Pingeot et de son épouse, Thérèse. L'industriel meurt juste après les dix ans de sa petite-fille. Cinq ans plus tard, le Président nommera au Conseil d'État François Michelin, le « patron des patrons » clermontois, le cousin des Pingeot.

Au fil des années, François Mitterrand retrouve ses entrées chez la mère d'Anne. Il essuie sans ciller les flèches de la maîtresse de maison, se montre d'une extrême courtoisie à l'égard de ses hôtes, et toujours d'une infinie tendresse pour Mazarine. Thérèse, qui craint François Mitterrand et connaît la détermination d'Anne, finit par rendre les armes. En Auvergne, l'atmosphère se détend.

Ailleurs, les affaires se compliquent. En cette fin des années 1970, la cote de Mitterrand sombre en effet dans des abîmes d'impopularité. Un sondage réalisé pour *L'Express* par l'institut Louis-Harris le présente comme un homme du passé (55 % des sondés), ambitieux (41 %) et changeant (29 %). Michel Rocard, ce rival surdoué qu'il exècre, envoûte l'opinion. Pierre Mauroy, lassé des dérives monarchiques de son ancien mentor, s'éloigne. L'intelligentsia le fuit. Rien de tel qu'un front ennemi pour réveiller le vétéran de la IVe et lui donner des envies de revanche. Michel Rocard rêve déjà de l'Élysée ? Ses ennemis l'enterrent ? Qu'ils se tiennent prêts, tous. L'exécution débute au congrès de Metz, le 6 avril 1979, où un Mitterrand lyrique, passionné, aux accents marxo-gaulliens, ne fait qu'une bouchée de ses deux rivaux et déjoue le putsch mené contre lui. Le 8 novembre 1980, quand Mitterrand annonce finalement sa candidature à l'élection présidentielle, Rocard, lucide, n'a d'autre solution que de battre en retraite.

Pendant que Pierre Joxe, Jean-Pierre Chevènement, Michel Charasse et Pierre Bérévovoy concoctent les cent dix propositions du candidat socialiste, Jacques Pilhan, Jacques Séguéla et Gérard Colé règlent la campagne médiatique. Le slogan, « La force tranquille », convient à François Mitterrand. L'affiche, en revanche, le tourmente. On y voit le candidat socialiste poser devant une petite église de la France profonde. Un matin de février, il téléphone à Jacques Séguéla : « *Je n'ai pas dormi de la nuit. Je n'aime pas votre affiche* », ronchonne-t-il. « *Elle est formidable* », se défend l'enthousiaste. « *C'est le clocher qui me gêne. Je ne veux pas apparaître comme M. le curé sur le parvis de son église.* » Le clocher, du coup, se dissipera dans l'aube.

Le duel télévisé qui oppose le 5 mai 1981 les deux candidats du second tour témoigne des progrès accomplis en sept ans par François Mitterrand. Fasciné par la virtuosité de son rival lors de leur première confrontation, il a regardé en boucle la cassette de l'émission, s'arrêtant, remâchant, disséquant chaque fois cette petite phrase assassine qui l'a tant déstabilisé et lui a valu, pense-t-il, sa défaite. « *"Vous n'avez pas le monopole du cœur", c'était une formule formidable* », s'inclinera-t-il, beau joueur, plus de vingt ans plus tard, lors d'un ultime tête-à-tête avec Valéry Giscard d'Estaing, avenue Frédéric-Le-Play.

Cette fois-ci, Mitterrand est prêt. Il a révisé studieusement les sujets économiques – son point faible notoire – avec Jacques Attali, Laurent Fabius, Alain Boublil, Jean Riboud ; il a fait limer ses trop gourmandes canines et a appris à contenir ses clignements d'yeux sur le conseil avisé de ses « communicants ». Quand Giscard tente de lui imposer son statut de chef de l'État, il riposte : « *Je ne suis pas l'élève, et vous n'êtes pas le professeur.* » « *Vous êtes l'homme du passé* », jette le plus jeune. « *Vous êtes l'homme du passif* », cingle en retour le plus vieux. Pour la première fois de sa carrière, l'éternel challenger endosse le costume de favori.

Vient l'heure des comptes. Le 10 mai 1981, Valéry Giscard d'Estaing et son épouse Anne-Aymone votent à Chamalières, François et Danielle

Mitterrand à Château-Chinon. Avant de quitter Paris, au petit matin, avec photographes et journalistes, le candidat est passé embrasser Anne et Mazarine. Le voilà dans la salle à manger de l'hôtel du Vieux-Morvan, à l'heure du déjeuner, établissant savamment avec Roger Hanin – pour tromper l'attente ? – les mérites comparés des seins de Brigitte Bardot et de Kim Novak.

À dix-huit heures, Danièle Molho, seule journaliste de la presse écrite admise à suivre le candidat de la gauche dans son intimité de Château-Chinon, apprend que l'Ifop le donne vainqueur dans une fourchette de 52 à 53 %. «*Maintenant, c'est certain, vous êtes élu*», annonce-t-elle, bouleversée. «*C'est mieux que le contraire*», répond François Mitterrand, impassible. À l'étage, en revanche, c'est la fête. Cris, embrassades. «*Tu te rends compte, Danielle, tu vas aller à l'Élysée !*» s'exclame Roger Hanin. «*Il lui doit bien ça...*», glisse doucement Christine Gouze-Rénal. François Mitterrand prend la main de son épouse : «*Qu'est-ce qui nous arrive ?*»

Paris ne sait pas encore. Anne, elle, est prévenue au téléphone par le vainqueur, en fin d'après-midi. «*C'est le pire jour de ma vie*», lâche-t-elle, épouvantée, à Élisabeth Normand, tandis que les deux femmes calment leur émotion en arpentant les artères de Saint-Germain-des-Prés. L'Histoire a gagné, elle sait qu'elle peut tout perdre. L'homme qu'elle aime clandestinement depuis vingt ans est devenu l'être le plus exposé de France, et Mazarine, leur fille, un secret d'État. François va-t-il s'éloigner ? Que se passera-t-il si la France apprend que son nouveau Président est le père d'un enfant adultérin ?

À vingt heures précises, comme plus de trente millions de téléspectateurs, la jeune femme découvre derrière la mosaïque dessinée par l'ordinateur de CII Honeywell Bull le visage du quatrième président de la Ve République française. 51,75 % des Français ont voté pour Mitterrand, 48,25 % pour Giscard d'Estaing, annoncent Étienne Mougeotte et Jean-Pierre Elkabbach, que la gauche triomphante conspue déjà à la Bastille. Du boulevard Saint-Germain résonnent les klaxons et les clameurs de la foule. « *On a gagné !* » chante Paris, qui voit soudain la vie en rose. Anne laisse couler des larmes silencieuses.

Assise sur ses genoux, la petite fille ne comprend pas. Son oncle et sa tante sont passés sabler le champagne, avant de se fondre dans la liesse parisienne. Mazarine voudrait bien les suivre dans la nuit qui pétille, mais sa mère ne transige pas. « *Demain, il y a école.* » Vers minuit, Laurence Soudet frappe à la porte. François vient d'arriver rue de Solférino et lui a glissé à l'oreille : « *Allez chercher Anne et amenez-la-moi.* » La mère de Mazarine s'échappe quelques minutes pour agiter une main fébrile dans la foule des militants euphoriques.

L'histoire officielle a retenu que le nouveau Président des Français avait entonné *L'Internationale* avec Danielle et Irène Dayan dans la voiture qui les ramenait sous une pluie torrentielle de Château-Chinon à Paris, qu'il avait serré des mains rue de Solférino, et qu'il s'était couché tôt rue de Bièvre, après une bonne camomille. En réalité, entre deux accolades et trois félicitations, François s'est échappé rue Jacob. Il a serré Anne dans ses bras et posé un baiser sur les joues endormies de sa fille.

V

Les mousquetaires de Mazarine

« Là, dit le roi en regardant sa pendule, là et maintenant qu'il est huit heures et demie, retirez-vous. Car je vous l'ai dit, j'attends quelqu'un à neuf heures. Merci de votre dévouement, Messieurs. J'y puis compter, n'est-ce pas ?
– Oh ! Sire, s'écrièrent d'une même voix les quatre compagnons, nous nous ferions couper en morceaux pour Votre Majesté ! »

Alexandre Dumas,
Les Trois Mousquetaires.

Le 21 mai 1981, à 9 h 30, les pneus de la CX présidentielle crissent sur le gravier du 55, rue du Faubourg-Saint-Honoré. Le nouveau chef de l'État, accompagné de Pierre Bérégovoy, gravit pour la première fois les marches du palais de l'Élysée. Tout le personnel est au balcon pour saisir le spectacle historique du premier Président socialiste depuis Vincent Auriol. Une centaine de journalistes assiste à la première passation de pouvoir entre deux présidents élus au suffrage universel. Au terme d'un tête-à-tête de trois quarts d'heure, Valéry Giscard d'Estaing remet au nouveau chef des armées la clé du feu nucléaire. Entre une confidence sur le successeur de Leonid Brejnev et une mise au point sur les menaces qu'Anouar al-Sadate fait planer sur le colonel Kadhafi, le partant glisse, complice : « *On est un peu prisonnier, ici, vous verrez.* »

François Mitterrand entend le message à demimot. Ce même jour, personne n'a remarqué, perchée sur les épaules de Charles Salzmann, la petite fille de sept ans, sage robe blanche et socquettes assorties, qui admirait fièrement son père remonter les Champs-Élysées avec Pierre Mauroy et déposer solennellement une gerbe de fleurs devant la flamme du Soldat inconnu. Le nouveau Président protège jalousement ses jardins secrets. Premier secrétaire, déjà, il s'amusait à « blouser » ses chauffeurs, refusant les gardes du corps, détestant qu'on le frôle. « *Je suis un homme libre* », aime-t-il à répéter. À l'Élysée, il découvre le dispositif légué par VGE : une petite équipe d'agents des Voyages officiels – les VO –, ainsi que d'une demi-douzaine de policiers – les « privés » – commandés par le commissaire Michel Renault, responsable de la sécurité du « PR ». Giscard, de toute façon, n'en faisait qu'à sa tête, et n'incitait pas ses suiveurs à une surveillance trop assidue.

Insuffisant, estime l'entourage du nouveau Président. On se méfie autant des Renseignements généraux que des VO, trop liés à Giscard. François Mitterrand, lui, redoute avant tout les fuites policières. En vingt-trois ans de pouvoir sans partage, la droite a, pense-t-il, truffé les postes sensibles, du bas en haut de la hiérarchie, d'agents dévoués corps et âmes à sa solde. Il est convaincu que des activistes d'extrême droite, emmenés par le mercenaire Dominique Erulin, se sont mis en tête de déstabiliser par tous les moyens le nouveau pouvoir socialiste, voire de l'éliminer purement et simplement. Certains, dans l'entourage de Mitterrand, sont pris d'un véritable « syndrome Allende » – du nom du Président socialiste du Chili renversé en 1973 par l'un de ses généraux, Augusto Pinochet.

Personne ne devine encore ce qu'il va falloir protéger. Mais François Mitterrand sait bien, lui, ce qu'il doit cacher s'il veut se maintenir au pouvoir. L'ancien ministre a adopté les vieilles traditions de la IVe, ses rencontres politiques interdites, sa diplomatie un peu canaille. Les tête-à-tête avec Charles Pasqua dans la belle villa surveillée de « Lala » Raillard, à Louveciennes, les dîners politiques avec Raymond Barre ou Marie-France Garaud, ses explications tendues avec ses proches – comme celle qu'il aura avec Laurent Fabius pendant l'affaire

Greenpeace –, ses rendez-vous galants ne regardent que lui. Et puis, il y a ce talon d'Achille, ce secret, Mazarine, dont il a révélé l'existence à son ami de vingt-cinq ans, André Rousselet, seulement quelques jours avant de lui confier son cabinet. Si le scandale éclate, on risque la crise de régime.

François Mitterrand emploie donc les grands moyens. Devenu conseiller technique à l'Élysée, François de Grossouvre – appuyé par Rousselet – lâche le nom du commandant Christian Prouteau, fondateur en 1973 du GIGN, une unité de gendarmes d'élite réputée dans le monde entier. Certes, Prouteau n'a pas le cœur à gauche, mais Mitterrand ne s'est jamais embarrassé des étiquettes politiques pour recruter ses lieutenants. Prouteau est un homme d'ordre, au courage physique incontestable. Cela lui suffit. Le nouveau ministre de la Défense, Charles Hernu, lui-même fils de gendarme, insiste. Il a assisté, en mars, à Maisons-Alfort, à un numéro d'épate digne d'une scène de James Bond : escalade par les balcons d'une tour de cinquante mètres, descente en rappel par hélicoptère, ramassage de grenades dégoupillées... Son adjoint, le capitaine Paul Barril, s'était réservé le « grand finale » : à quinze mètres, dos à l'adversaire, il dégaine et atteint six cibles en plein cœur en autant de secondes. Hernu avait adoré.

Le Président est convaincu par l'allure et le CV de ce svelte fils de colonel venu de Saint-Cyr-Coëtquidan. Il faut dire que Prouteau en impose : 212 otages libérés, 49 forcenés maîtrisés, 63 arrestations... En 1976, il avait sauvé la vie de 29 enfants de militaires français pris en otage dans un car de ramassage scolaire par des rebelles somaliens. Le visage de Prouteau porte encore les stigmates de l'un de ses récents faits d'armes : en octobre 1980, en Gironde, un forcené lui a tiré une décharge de plombs dans la gorge. Les Français ont aussi suivi, en janvier 1981, la reddition de 40 nationalistes corses repliés à l'hôtel Fesch, au cœur d'Ajaccio. Le capitaine s'était laissé glisser dans l'établissement avant d'entamer les négociations avec leur chef, Marcel Lorenzoni.

Prouteau a du caractère. D'ailleurs, il commence par dire non à l'Élysée. Au printemps 1982, François de Grossouvre le convoque le premier rue du Faubourg-Saint-Honoré pour lui remettre une étude confidentielle, réalisée par la DGSE, sur la «*vulnérabilité du chef de l'État*». Le commandant se plonge dans sa lecture.

– *C'est accablant. La sécurité du Président est carrément inexistante*, commence-t-il.

– *C'est bien mon avis*, répond Grossouvre, comblé d'aise. *Vous l'avez compris : il s'agit maintenant pour nous de créer une unité de protection du président de la République, et la seule personne capable de concevoir ce genre de dispositif, c'est vous. Alors, mettez-vous au travail, vous avez huit jours pour me faire une proposition.*

– *Mais je...*

– *Au revoir, mon commandant, à la semaine prochaine.*

Une semaine plus tard, Prouteau remet son rapport. Le 1er juillet, André Rousselet reçoit le gendarme, le félicite, et le presse de prendre ses fonctions :

– *Non, monsieur le directeur. Il n'en est pas question. Je veux bien tout mettre sur pied, mais je ne viens pas à la présidence.*

Trois jours plus tard, nouvel ultimatum de Rousselet. Nouveau refus. Cette fois, le directeur de cabinet se fâche tout rouge.

– *Vous êtes têtu comme un âne bâté ! Une mission comme celle-là ne se refuse pas, mon commandant ! Vous êtes militaire, vous devez obéir !*

– *Je veux bien en parler avec le Président*, cède Prouteau.

Le 13 juillet 1982, le militaire est reçu par François Mitterrand.

– *Bonjour, commandant. Je vous attendais. On me dit que ma sécurité laisse à désirer et que vous allez être chargé de revoir tout ça.*

– *Monsieur le Président, avec ce que je propose, je vais vous embêter et vous compliquer la vie. Or si vous n'êtes pas d'accord, nous n'arriverons à rien. Mes hommes seront toujours à vos côtés, trois cent soixante-cinq jours par an.*

Le commandant décrit l'équipe idéale : hommes ultrasélectionnés, motivés, excellents tireurs mais discrets accompagnateurs : sur les images télévisées, on ne devra pas voir d'hommes armés jusqu'aux dents. Les déplacements du chef de l'État devront être préparés minutieusement, leurs itinéraires souvent modifiés au dernier moment. Sur le modèle américain, des motos, seules capables de se faufiler dans les embouteillages, précéderont les voitures présidentielles. Surtout, il sera surveillé nuit et jour – «*H-24*», dit-il en militaire.

– *Oh, mais dites, commandant, c'est lourd, ce que vous me demandez là...*, coupe François Mitterrand. *Si je comprends bien, vous allez me casser les pieds !*

Pause rhétorique, puis :

– *Mais on me dit qu'il le faut, alors, c'est oui.*

C'est donc oui aussi pour le commandant Prouteau. Une note du ministère de la Défense indique sa mise à disposition auprès de la présidence «*pour une mission de la plus haute importance*». Le 13 juillet 1982, après des semaines d'hésitation, le patron du GIGN prend ses fonctions de conseiller spécial à l'Élysée chargé de coordonner la lutte antiterroriste en France.

Il faut dire que le climat s'y prête. Depuis le printemps 1982, le pays est secoué par une vague d'actions terroristes sans précédent. Une bombe a explosé dans le Capitole, le train Paris-Toulouse, le

29 mars, marquant la fin d'un ultimatum lancé par le terroriste Carlos. Le 22 avril, une voiture explose rue Marbeuf, faisant un mort et soixante-trois blessés. L'horreur atteint son comble le 9 août, quand quatre tueurs masqués mitraillent le restaurant Jo Goldenberg, dans le quartier juif du Marais, rue des Rosiers. Le bilan est terrible : six morts et plus de vingt blessés. La France tremble.

Le commandant se met au travail. Pour vérifier qu'il est bien à la pointe du progrès, il se rend quelques jours à Washington observer les méthodes de l'United States Special Services (USSS), les services secrets américains. Dans l'avion qui le ramène à Paris, il teste, à l'oreille, le nom de sa future formation : Groupement de sécurité de la présidence de la République, GSPR. Ça ne sonne pas mal, ça fait pro.

Prouteau applique à son dispositif tous ses préceptes. D'abord, privilégier sa famille – les gendarmes. Seuls les militaires, pense-t-il, savent mourir pour un silence comme jadis les Templiers. Ensuite, former une équipe réduite : ils sont trente au départ, divisés en trois groupes de dix. Pour les hisser au niveau de ses fils modèles du GIGN, leur imposer trois mois d'entraînement intensif, à Montdésir, la base d'entraînement située près d'Étampes. Les équiper non de vulgaires pistolets automatiques, mais de revolvers MR 73, ou des plus mythiques Smith et Wesson deux pouces

– l'arme du FBI –, qu'il faut réarmer à chaque tir : « *Une balle suffit. Vous la mettez là où il faut.* » Il compte aussi sur sa « *théorie des sept secondes* » – cette infime avance prise sur l'adversaire, qui permet de le jauger, le surprendre, et le terrasser.

Il connaît déjà le nom de son adjoint : Alain Le Caro, un intrépide capitaine de trente-deux ans au regard bleu acier à qui il avait failli confier les commandes du GIGN à Mont-de-Marsan. En août, au téléphone, Prouteau fait le récit de ces dernières semaines à son ami et conclut, déjà chef :

– *Viens à la boutique. Tu vas prendre la sécurité du Président.*

– *D'accord, mais c'est à ma sauce.*

Priorité absolue du tandem : se débarrasser de ces encombrants « privés » qui n'appartiennent pas à l'élite du GIGN et ont surtout le défaut d'être des policiers. Pour cela, il faut les prendre en faute. Une mission de simulation très singulière est montée. Il s'agit de montrer, cliché à l'appui, que le Président est vulnérable. « *Vous avez un mois pour flinguer le président de la République et prendre la photo* », lance Prouteau à deux de ses hommes, médusés. Trois semaines plus tard, un faux guet-apens est monté à l'hôtel du Vieux-Morvan. Un cliché est présenté triomphalement à François Mitterrand : on y voit l'un des deux gendarmes en civil, planté incognito à quelques centimètres du Président, la main sous l'aisselle, tout près de son holster, prêt à dégainer, s'il le voulait, son 357 magnum.

Convaincu par la démonstration, le Président laisse dès lors les coudées franches au supergendarme. À deux conditions. «*Pas de ces machins pare-balles ou je ne sais quoi, c'est ridicule. Arrangez-vous pour qu'ils ne soient pas nécessaires*», demande-t-il d'abord. Sur la question des «privés», en revanche, François Mitterrand, avec cette manière très personnelle qu'il a de ne jamais rompre, refuse de transiger : «*Tâchez de leur trouver une petite place en marge de votre dispositif*», glisse-t-il au commandant.

La mort dans l'âme, Prouteau s'exécute. Ainsi, dans l'organigramme du GSPR, Michel Renault figure comme «second». Les policiers ne sont pas dupes et hurlent à la trahison. Durant deux ans, l'Élysée devient ainsi le théâtre d'une puérile et grotesque guerre de polices. Elle culmine avec la rocambolesque affaire de la boîte d'allumettes. Lors d'une messe dans la chapelle des Invalides, le leurre est placé, telle une bombe, par les policiers sous le siège présidentiel, trompant la vigilance des gendarmes pour mieux les confondre. La ruse se retourne contre ses auteurs. Publiées dans *Paris Match*, les photos de ce crime de lèse-GSPR ne font pas du tout rire le Président et signent le bannissement des «privés».

Les supergendarmes ont gagné. Malgré les réticences de Pierre Joxe, ils ont les coudées franches. Ils se croient en charge, sans partage, de la sécurité du premier homme de France. Ils ignorent encore que leur principale mission va consister à suivre une petite fille à bicyclette...

Quels mots choisir pour circonscrire un ordre de mission si extraordinaire et si peu officiel ? Comment raconter Mazarine sans jamais prononcer son nom ? Le Président ne s'embarrasse pas de tête-à-tête compromettants. Comme toujours, il délègue. En septembre 1982, devant Prouteau, que ses secrétaires appellent déjà « *Zorro* », il évoque la sécurité de ses «*petits-enfants*» : le fils de Jean-Christophe, les deux filles de Gilbert. Au moment de le raccompagner à la porte, le Président glisse, sibyllin :

– *Pour le reste, voyez avec Rousselet...*

Deux bureaux plus loin, Rousselet, donc. Prouteau lui fait part de la remarque présidentielle. Le directeur du cabinet du Président se racle la gorge, embarrassé :

– *Euh, oui. Il y a une chose dont vous devez être informé. C'est très... privé. Allez voir Grossouvre, il vous en dira plus.*

François de Grossouvre, enfin, rompt le suspense.

– *Bon, voilà, il y a une deuxième famille, une petite fille de huit ans et sa maman. Le Président souhaite qu'elle soit protégée, dans la plus grande discrétion.*

Prouteau reste sans voix. Le « cardinal » caresse sa barbichette et poursuit :

– *Elle s'appelle Mazarine. Je suis son parrain. Son père la voit très régulièrement. Elle habite avec sa mère, à Paris, dans le VI*e *arrondissement. Je vais prévenir la maman que vous prendrez contact avec elle. Naturellement, je compte sur votre discrétion. Il n'est pas nécessaire que vous parliez de tout cela avec le Président. S'il y a un problème, venez me voir.*

– *Bien entendu, monsieur*, dit Prouteau en prenant congé.

C'est ainsi qu'une petite fille et sa maman entrent, en dehors de toute consigne écrite, dans la vie d'un bataillon de « gorilles ». Entre eux, les hommes de Prouteau commencent par les désigner sous les noms de code « *X* » et « *X'* ». L'accueil est plutôt froid lorsque le commandant, intimidé, se présente pour la première fois au domicile d'Anne Pingeot, rue Jacob. « *Je sais qui vous êtes. François de Grossouvre m'a prévenue. Je ne pense pas avoir besoin d'être protégée, mais si c'est vraiment nécessaire, faites votre travail*, dit simplement la conservatrice. *Seulement je vous préviens : il n'est pas question que je change quoi que ce soit à mes habitudes. Je continuerai à vivre comme je l'ai toujours fait.* » Christian Prouteau enregistre : Mlle Pingeot ne sera surveillée que lorsqu'elle sera accompagnée de sa fille.

Avec celle-ci, tout est plus facile. Mazarine est futée, peu farouche, et souffre souvent de la mélancolie des enfants uniques. Mi-tireurs d'élite mi-grands frères protecteurs, les six gendarmes qui vont constituer son équipe spéciale – la fille du Président en connaîtra une vingtaine durant les deux septennats – s'imposent en douceur dans son décor familier. À la sous-direction des matériels, les « garçons » commencent par commander trois bicyclettes. Toujours deux par deux, les voilà « collés à la roue » de la conservatrice, comme on dit dans le métier. Plus encore qu'on ne l'imagine. Combien de fois Anne Pingeot et, sur son porte-bagages, une gamine hilare vont-elles tenter de les semer dans les rues de Paris ? Qu'il pleuve, qu'il vente, les hommes du GSPR pédalent. L'été, ils emmènent la petite en virée à moto.

Quand Élisabeth Normand accompagne Mazarine et sa fille Virginie aux Angles, dans les Pyrénées – Anne réserve ses vacances pour Gordes et François –, ils chaussent leurs skis pour les suivre sur les pentes. « *X* » est devenue la « *petite demoiselle* », et, dans l'intimité, « *Zaza* » – même si ce petit nom n'est pas vraiment du goût d'Anne. La station n'a pas été choisie au hasard. Le cousin d'Élisabeth Normand, médecin, exerce à Perpignan. Pour les hommes du GSPR, sa présence représente une

« base arrière » sûre et commode. Comme souvent, le capitaine Le Caro accompagne lui-même la petite équipe : le baroudeur ne sait pas skier, mais il va apprendre à dévaler les pentes au rythme de sa protégée. Le soir, dans le chalet, le capitaine lit des histoires aux deux petites filles. D'année en année, le lien se resserre. Mazarine l'adopte comme un deuxième – et jeune – papa.

Mais si la petite bande jouit d'une totale tranquillité, c'est que les « garçons » ont parfaitement balisé le terrain. Dès leur premier séjour aux Angles, ils ont averti le directeur de la station et les deux moniteurs de l'identité de leur protégée : « *C'est la fille du Président.* » Le GSPR s'est en effet bâti une stratégie aussi surprenante que risquée, mais qui va se révéler, quatorze ans durant, d'une redoutable efficacité. Pour mieux garder le secret, rien de tel que de le confier à quelques happy-few flattés de jouer un rôle dans un feuilleton dont le héros est le plus haut personnage de l'État. À Gordes, à Paris, quoi de plus sûr que de former un cordon de sécurité humain autour de Mazarine ? De délateurs en puissance, les voilà promus conjurés associés.

Rue Jacob, les commerçants reçoivent un à un la visite des hommes du GSPR. La directrice de l'école élémentaire de la rue Saint-Benoît a droit aussi à un petit topo : la petite Pingeot n'est pas une élève comme les autres. Les parents des plus proches camarades de l'enfant sont mis dans la confidence. « *Vous allez participer à la sécurité du Président* », leur chuchote-t-on. Ils sont sermonnés lorsqu'ils se laissent aller à des bavardages. Ainsi adoubés, les « garçons » peuvent se fondre sans mal dans le petit monde de Mazarine. Ils sont là, GO de choc, doublures musclées des maîtresses d'école, lors des sorties scolaires en bus vers zoos et châteaux, avant de la suivre, quelques années plus tard, en Allemagne, lors d'un séjour linguistique.

On croit que la seconde famille se rend à Venise dans l'incognito d'un voyage privé ? La domesticité en képi a en fait tout réglé. Le peintre Zoran Music, bien sûr, mais surtout le maire de la Cité des Doges, les *carabinieri* vénitiens, et même deux gondoliers devenus des amis, tout le monde est prévenu. Lorsque François Mitterrand et Anne goûtent les fastes baroques du carnaval de Venise, les hommes de Le Caro louent un Riva, se griment sous des *bauta* et des tricornes, se drapent dans de lourdes capes noires pour se faire oublier. Rares sont les ratés. Ainsi ce jour où le pape se trouve en visite officielle à Venise. « *Il faudra pas traîner* », prévient Le Caro au moment de partir déjeuner sur l'île de Murano. Un « couvre-feu » a en effet été décidé pour quinze heures. Mais le repas avec les Salzmann et les Badinter s'éternise. Lorsque François Mitterrand quitte enfin l'île pour revenir vers l'Arsenal, les vedettes de la sécurité du souverain pontife fondent sur l'embarcation présidentielle. « *Ces cons, ils sont capables de nous larguer une rafale !* » hurle

Le Caro en poussant le Président sous une bâche, au fond de l'embarcation.

En Auvergne aussi, les gendarmes se rendent indispensables. Ils taillent les futaies et arbres de la charmille de « Mamie » Pingeot, coupent le jambon, retapent la toiture, bricolent gentiment l'électricité de la maison. À Paris, ils sont encore là lorsqu'il faut accompagner la petite fille chez le Dr Gubler, dans son petit office de la clinique des Sœurs-Augustines. Ce médecin de famille, que François Mitterrand a connu par les Gouze, ne sait pas encore qui est cette petite « *Marie* » dont il soigne déjà la maman. Parfois, le Président lui demande, énigmatique : « *C'est grave, une conjonctivite ?* »

Insoumise au début, Anne finit elle aussi par se faire à la présence discrète mais permanente des « garçons ». Rue Jacob, une chambre de bonne, reliée à l'appartement d'Anne par une ligne téléphonique spéciale, est aménagée juste au-dessus pour le « GSP » de garde, qui y passe la nuit et surveille l'appartement pendant les vacances. Ils ont aussi trouvé un petit « labo » discret pour développer les photos de la deuxième famille. Que se passerait-il, en effet, si l'œil malveillant d'un laborantin photo ou d'un cambrioleur tombait sur ces centaines de portraits intimes de François et de Mazarine ?

Le trois-pièces est régulièrement passé au détecteur de micros. Mais, pour les visites discrètes du nouveau Président, il est vraiment mal situé. La rue est étroite, souvent embouteillée. Le chauffeur, Pierre Tourlier, a pris ses habitudes aux Assassins, le restaurant situé au pied de l'immeuble, mais s'agace souvent d'attendre François Mitterrand jusqu'à une heure du matin dans le froid ou les courants d'air. L'endroit, à deux pas du café de Flore et des cinémas, est décidément trop fréquenté pour ce résident prestigieux mais toujours de passage. Anne a beau se désoler, Mazarine s'attrister à l'idée de moins voir ses petites amies, les risques sont trop grands. Il faut déménager.

VI

Quai Branly en famille

« Où peut-on être mieux
Qu'au sein de sa famille ? »

Lucile, opéra sur une musique
de Grétry.

Partir, mais pour aller où ? Les grilles du palais de l'Élysée ne s'ouvrent qu'au nouveau Président et à son épouse, Danielle. Eux seuls ont droit aux trois cent soixante-cinq pièces, aux cinq services de Sèvres et à l'argenterie de cet hôtel particulier du XVIIIe siècle où le comte d'Évreux mena grand train et y donna ses fêtes libertines. La marquise de Pompadour, Murat, Napoléon III ont laissé là leurs portraits sur les toiles de maîtres et leurs noms à de splendides salons. Georges Pompidou, le premier, l'a fait entrer dans le XXe siècle, en confiant l'aménagement de quatre salons du rez-de-chaussée à des designers. Le couple Mitterrand s'affiche lui aussi résolument moderne, en confiant la décoration de ses appartements privés à Philippe Starck et Jean-Michel Wilmotte.

«*Changer la vie*», avaient promis les socialistes au peuple de gauche, s'inspirant de Rimbaud et de Jean-Jacques Goldman. En ce début de septennat, François Mitterrand s'emploie sans compter à respecter son engagement : semaine de trente-neuf heures, cinquième semaine de congés payés, retraite à soixante ans, augmentation du Smic et des minima sociaux, nationalisation de grands groupes industriels et bancaires... «*Pour le moment, je fais de la politique. La rigueur, on verra ça plus tard*», répond-il à Jacques Attali qui s'inquiète, dès juin 1981, avec le Premier ministre Pierre Mauroy, des déficits que la relance économique risque d'entraîner.

À lui la politique, à lui les symboles. Et d'abord le plus audacieux, l'abolition de la peine de mort, le 9 octobre 1981, pour laquelle son ami Robert Badinter se bat depuis plus de vingt ans. Plus payante, l'autorisation des radios libres, qui lui rallie la jeunesse. Mais très vite, devant l'état des comptes, il faut prendre le tournant de la rigueur – un euphémisme pour parler d'une longue cure d'austérité. L'état des comptes et la situation économique imposent trois dévaluations successives. Avec les restructurations dans la sidérurgie, le coup de frein de 1983 est vécu comme une trahison par la gauche et avec beaucoup d'amertume dans les classes défavorisées. Dans les sondages, François Mitterrand devient brutalement impopulaire.

Depuis l'hiver 1981, le Président doit aussi affronter une épreuve autrement plus effrayante. Il est revenu de la conférence Nord-Sud de Cancún, en octobre, en boitant légèrement; il se plaint de douleurs aiguës au dos. Le Pr Adolphe Steg, urologue réputé de l'hôpital Cochin, ainsi que Claude Gubler, devenu le médecin personnel du nouveau Président, commandent une batterie d'examens. Les résultats de la scintigraphie et de l'urographie, réalisées dans le plus grand secret à l'hôpital militaire du Val-de-Grâce, sont sans appel. Il souffre d'un mal mortel.

– *Voilà, mon devoir est de ne pas vous cacher la vérité. Vous avez un cancer de la prostate qui est diffusé dans vos os*, lâche le professeur, le 16 novembre au soir, dans les appartements privés de l'Élysée.

– *Je suis foutu*, murmure le Président, effondré.

– *On ne peut pas dire ça, voyons. On ne peut jamais dire qu'on est foutu. Avec M. Gubler, nous allons faire ce qu'il faut...*

– *Arrêtez vos salades, je suis foutu*, cingle Mitterrand.

– *Que dois-je dire à Danielle?* demande Gubler un peu plus tard.

– *Rien.*

– *Qui dois-je avertir ? Qui peut m'aider dans votre entourage familial ?*

– *Personne.*

En réalité, ce secret, bien plus grand que celui entourant l'existence de sa fille, François Mitterrand ne va le partager qu'avec une seule personne : Anne Pingeot. Deux heures plus tard, rue Jacob, il annonce avec calme la terrible nouvelle à la mère de sa fille. Il peut mourir – selon Steg, ses chances de survie sont de trois ans. Machinalement, il choisit un livre, au hasard, dans la bibliothèque de la conservatrice. C'est la Bible...

La maladie fait de lui un homme prudent et pressé. Il peut perdre ce pouvoir qu'il a mis tant d'années à conquérir, si ses adversaires, à droite comme à gauche, apprennent son mal et s'en emparent publiquement. Il veut vivre aux côtés de Mazarine. Il lui faut un lieu où retrouver sa fille chaque soir et abriter ce cancer que personne ne doit connaître. Anne comprend. « *Si j'ai tenu, c'est parce que je n'étais pas tout seul* », dira-t-il bien des années plus tard.

Une nouvelle fois, ce sont Laurence Soudet et François de Grossouvre, nommés tous deux conseillers à l'Élysée avec des fonctions aussi officielles qu'évasives – respectivement l'édition et les chasses présidentielles – qui volent à son secours. La première lui suggère d'abord d'acheter un appartement, dans le XVIe arrondissement parisien.

François Mitterrand préfère le 11, quai Branly, au pied de la tour Eiffel. Ce palais national où Napoléon III logeait jadis ses écuries a été converti par la Ve République en annexe de l'Élysée. Le Président va en faire son refuge.

Le bâtiment clos, coincé entre l'immeuble de la Météorologie nationale et le Conseil supérieur de la magistrature, a des allures de ministère. Une petite porte, à gauche, s'ouvre pour les piétons, une autre pour les voitures. Passé le porche étroit, une guérite de verre abrite quelques gendarmes. Des caméras disposées autour du bâtiment leur renvoient les images des visiteurs et des trois cours intérieures – la cour d'honneur, celle de la maréchalerie, celle de la poste. Chaque nouvel entrant est soigneusement contrôlé. Ils sont nombreux : plus d'une centaine de fonctionnaires, principalement rattachés au service du courrier de la présidence, y traitent quelque mille lettres quotidiennes.

Mais ces « communs » bien rangés autour d'un parterre à la française abritent aussi de nombreuses familles, mélange hétéroclite de petit personnel de l'Élysée, de conseillers, de gendarmes, de gradés et d'aides de camp. Quelques locataires moins anonymes bénéficient également des appartements de fonction du « palais de l'Alma » : Jean Glavany, chef du cabinet de François Mitterrand, Gilles Ménage, futur directeur de son cabinet, ou encore le général Jean Saulnier, son chef d'état-major particulier.

Une impression de calme et de sérénité nimbe les lieux, loin des klaxons des voitures filant à toute allure sur le quai pourtant tout proche.

François de Grossouvre, laissant son épouse et ses week-ends à Lusigny, a opté pour le second étage du bâtiment, à gauche une fois passé le porche. Juste au-dessous se trouve un appartement de cinq pièces, regardant à la fois la Seine et la cour d'honneur, et idéalement conçu pour accueillir une famille. François Mitterrand est enthousiaste : Anne et Mazarine pourraient s'y installer, sous la protection bienveillante du parrain de la petite fille. Personne ne jugera suspectes les visites du Président à son ami et conseiller.

Comme pour la maison de Gordes, Laurence Soudet sert de prête-nom. La conseillère se voit opportunément accorder ce très beau logement de fonction. En réalité, Laurence, qui a épousé en secondes noces René Thomas, le nouveau patron de la BNP nationalisée, n'a nullement l'intention de quitter Neuilly, où elle réside. Pour la « Mitterrandie » et les historiens, elle n'a fait au fond que rendre service à Anne Pingeot, en lui laissant l'usage de ce cinq-pièces parisien. « *Une amie nous prête son appartement de fonction* », écrit encore Mazarine en 2005.

François Mitterrand ne veut pas perdre de temps. Tout sera prêt avant le début de l'année 1982, promet l'indispensable Laurence, qui s'occupe de tout.

Le faux style Napoléon III du mobilier national est triste et impersonnel ? Les murs sont défraîchis ? Elle joue les architectes d'intérieur et fait effectuer des travaux de rénovation durant deux mois. Anne Pingeot se résout à suivre les instructions de François et visite ce grand appartement qui ne l'enchante guère mais qui seul peut les abriter tous les trois, comme une vraie famille.

Anne et Mazarine pénètrent ainsi sur la pointe des pieds à « l'Alma » – comme elles surnomment leur nouveau foyer, reprenant ainsi le vocable des officiers chargés de leur sécurité. Une nouvelle vie commence, faite d'allers-retours entre le quai Branly et la toute proche rue Jacob, où sont demeurés leurs copines, leurs commerçants préférés, leurs habitudes, leurs objets chers, bref, leur vie. Dès que François Mitterrand s'absente pour un voyage officiel, elles filent d'ailleurs vers Saint-Germain-des-Prés, brosse à dents dans le cartable de Mazarine. Au bout de trois ans, le va-et-vient ralentit. Le soir, sous les marches de l'entrée, on aperçoit de plus en plus souvent le vélo d'Anne, son panier en osier posé sur le porte-bagages.

Le petit monde clos du quai Branly prend l'habitude de croiser « Zaza », qui a laissé pousser ses longs cheveux noirs. Elle joue parfois dans la cour à la balle aux prisonniers avec des enfants de militaires. Tout le monde sait, mais les indiscrétions ne passent pas les murs épais du palais de l'Alma :

«*C'est elle*», chuchote-t-on. Pas plus. La fillette aussi se montre discrète : consigne lui a été donnée de ne pas trop évoquer son père. Ses jeunes voisins parfois s'étonnent de cette distance : «*Pourquoi on n'a pas le droit de lui parler, à la fille à François ?*» demandent un jour à leur père les enfants Glavany. En attendant que ses parents rentrent, le soir, Mazarine joue dans sa chambre au papier bambou jaune avec son chat, inventant de petites danses, ou s'épuisant à l'élastique – sa passion –, avec deux chaises pour poteaux, sous l'œil amusé de deux gardes du corps.

Le rituel du matin est presque immuable. Anne se lève la première, prépare le thé et presse les oranges en écoutant France Inter. Elle file ensuite à vélo vers le musée d'Orsay, peu après huit heures. Le porche du 11, quai Branly s'ouvre quelques minutes plus tard, pour laisser apparaître une R25 bleue aux vitres teintées, dans laquelle François Mitterrand a pris place. Devant l'attendent une GTI noire et deux motos. Il ne faut pas plus de quatre minutes à l'imposant et silencieux convoi pour franchir la Seine et rejoindre le palais de l'Élysée. «*Dites-moi, Pierre, vous pensez que l'on va rattraper Anne ?*» glisse souvent le Président à son chauffeur. Pierre Tourlier accélère alors l'allure, grille quelques feux, finit par rattraper la cycliste, qui invite d'un geste de la main la voiture suiveuse à passer son chemin, comme pour dire : «*Mais allez-y !*»

Ce nouvel appartement déplaît à Mazarine. On a beau lui dire que son ancêtre, le maréchal Fayolle, habitait autrefois ici, elle regrette les rues de son enfance. Le chemin qu'elle prenait en sautillant vers l'école de la rue Saint-Benoît s'est allongé en une suite de feux rouges, de quais et de boulevards anonymes qu'elle regarde sans les voir du siège arrière de la voiture, en silence, nounours dans une main, et pouce rivé dans la bouche. Sa maman adore son travail et ne prend pas le temps de la conduire à l'école. Un jour de 1981 où ils jouent les accompagnateurs, le garde du corps et le chauffeur de François de Grossouvre se voient hélés devant l'école par l'institutrice : «*Dites-moi, vous pourriez dire à la mère de la petite que je souhaiterais la voir ?*» La directrice de la rue Saint-Benoît explique à Anne Pingeot : «*J'ai peur que votre fille n'ait quelques problèmes psychologiques. Elle dit que son père est président de la République.*» Anne hésite une seconde, puis répond doucement : «*Mais c'est vrai.*»

Pour la première fois, Anne mène en effet une vie de mère de famille presque ordinaire. De plus en plus souvent, parfois après un bref passage rue de Bièvre, lorsqu'il n'est pas en déplacement, le Président rejoint Anne, Mazarine et ses prouesses à l'élastique quai Branly. Jusqu'à sa disgrâce, François de Grossouvre attendra dans son bureau, avec la fièvre des amoureux, le signal présidentiel l'invitant à rouler de conserve vers leurs foyers respectifs.

Le responsable des chasses présidentielles partage son appartement parisien avec Nicole, une connaissance clermontoise d'Anne – «*ma gouvernante*», dit-il sur les PV remis au juge Jean-Pierre. Un étage plus bas, deux membres du GSPR – dont l'un mourra tragiquement dans un accident de voiture, alors qu'il suivait à vive allure le cortège présidentiel – vaquent aux menus travaux domestiques. Le soir, un dîner tout prêt attend la deuxième famille.

Le quai Branly s'impose désormais comme le domicile officieux du Président. Il doit donc bénéficier de la sécurité qu'il mérite, estime Christian Prouteau. Le zèle et l'obsession du détail qu'il déployait naguère pour maîtriser braqueurs ou preneurs d'otages, l'ancien patron du GIGN va l'employer à prévenir toute incursion dans le nouveau territoire présidentiel, avec force notes et directives.

Le 21 septembre 1982, il envoie un courrier au colonel Jacques Hérisson, responsable de la garde du palais de l'Élysée.

«*Pour appliquer les ordres qui m'ont été donnés, la mise en place du sens giratoire quai Branly doit s'accompagner des transformations suivantes :*

«*1 – Mise en place de la codification d'ouverture de la grande porte d'entrée à l'extérieur ou, le cas échéant, remplacement de ce système par une ouverture télécommandée par infrarouge* [...].

«*2 – Mise en place du même dispositif sur la porte de sortie (ouverture par infrarouge ou, le cas échéant, système avec carte magnétique). Il pourrait être également envisagé que le chemin d'accès des voitures à la porte de sortie soit pavé, comme l'est celui de l'entrée.* [...] *Compte tenu des circonstances, il va sans dire qu'il serait souhaitable que l'entreprise choisie effectue ces transformations dans un délai le plus court possible.* »

Qu'on s'approche du quai Branly, même plein de bonnes intentions, et c'est tout une mécanique d'alerte qui se met en branle. Le 3 octobre 1985, deux chauffagistes envoyés par les Monuments historiques se présentent à dix-huit heures aux locataires du quai de l'Alma pour effectuer un « *bilan thermique* » et rénover le système de chauffage du site. Avec le maréchal des logis-chef Le Port, responsable du casernement, les deux techniciens de la société GCDF visitent les appartements les uns après les autres. Et donc celui d'Anne Pingeot, toujours inscrit au nom de Laurence Soudet. Le chef du GSPR est hors de lui. Aussitôt, il adresse une note au chef de l'État, qu'il intitule, fidèle à son style dramatique : « *Incident survenu quai Branly* ».

« *Mme Soudet* [il a été convenu de ne jamais citer le nom d'Anne Pingeot, même dans une note confidentielle] *a, semble-t-il, donné son accord pour que M. Lecoq, surveillant militaire de l'Alma, puisse pénétrer dans son appartement pour y effectuer des petits travaux indispensables d'entretien* [...]. *La société GCDF a déjà fait l'objet d'une enquête. C'est une société sérieuse. Par contre, les deux techniciens envoyés par la société auraient pu effectivement, pendant la visite de l'appartement, se livrer à des investigations indiscrètes.* »

Le supergendarme tire les leçons de son faux pas. « *Dès que les noms des techniciens nous seront fournis*, écrit-il, *nous ferons une enquête discrète d'environnement. Toute visite technique de l'appartement de Mme Soudet ne pourra avoir lieu qu'avec son accord, avec préavis de vingt-quatre heures.* » Il « *sera passé au détecteur cette semaine, afin de déceler s'il n'a pas été sonorisé* ».

Pour éviter un scandale au Président, pour protéger la fausse Mme Soudet et la « petite demoiselle » des journalistes et des photographes qui commencent à rôder, le bâtiment républicain devient ainsi une citadelle imprenable, sourde aux inquisitions, muette à toutes les oreilles et à tous les micros. Un second Élysée, plus surveillé encore que le fameux palais de la rue du Faubourg-Saint-Honoré. Mais les ennemis du Président ont l'imagination fertile, et surgissent souvent là où les gendarmes ne les attendent pas.

VII

Les filochards de *Minute*

« – Un journaliste ! Un petit journaliste ! Savez-vous bien, Ivana Ivanovna, que ces journalistes se croient tout permis ? »

Gaston Leroux, *Les Aventures de Rouletabille, Le Château noir.*

C'était à Trevesse, faubourg de Lusigny, dans le jardin des Grossouvre. En ce dernier week-end de mai 1981, François Mitterrand a choisi la propriété bourbonnaise de son ami pour goûter une fin de semaine réparatrice et fêter en famille sa victoire. Après le déjeuner, le couple présidentiel s'éloigne du parc, côte à côte, retrouvant enfin un peu de calme après le tourbillon de la campagne et des premiers jours de pouvoir. Ils ne le savent pas, mais ils ne sont pas seuls. Deux paparazzis de l'agence Sipa ont traversé les marécages et « planquent », dans les hautes herbes, à l'affût d'un premier cliché volé du Président et de son épouse,

Danielle, loin de l'Élysée. Soudain, le couple apparaît, imperméable clair pour elle, pantalon de toile retroussé sur les mollets et casquette de marin pour lui. Les photos sont bonnes, leurs auteurs ravis.

Ce n'est qu'en développant leurs films, de retour à Paris, que les deux photographes réalisent leur méprise : la dame brune qui frôlait l'épaule du Président dans le pâle soleil du printemps n'est pas Danielle Mitterrand mais une autre. Stupéfaction, embarras. De qui s'agit-il donc ?

Alertés par le service photo de *France-Soir*, les gardes du corps de l'Élysée font aussitôt comprendre leur mécontentement au célèbre directeur de Sipa, Goksin Sipahioglu. Le patron de l'agence refuse de céder les négatifs mais ne les laisse pas circuler dans les rédactions. Il n'envisageait pas, de toute façon, de les vendre. Comme Sipa en a pris l'habitude pour les documents ultrasensibles, les négatifs sont cachés derrière un portrait du pape Jean-Paul II, suspendu dans la salle de rédaction.

Ainsi, treize ans avant que *Paris Match* ne révèle l'existence de Mazarine, quelques jours seulement après l'investiture du Président socialiste, une photo menace déjà le secret de François Mitterrand. Ce premier scoop photographique signant l'adultère présidentiel, personne ne va pourtant en profiter. Personne sauf... le chef de l'État lui-même. Intrigué, celui-ci fait en effet très vite savoir aux deux paparazzis qu'il souhaite voir leurs images. Voilà les deux gaillards qui, à l'heure dite, silhouettes carrées, regard goguenard, se présentent devant les grilles de l'Élysée, tels deux mauvais élèves convoqués chez le « dirlo ». Soudain, un véhicule officiel franchit lentement le portail. La vitre se baisse. La main de Pierre Tourlier se tend et saisit l'enveloppe contenant les tirages noir et blanc. Derrière les vitres arrière de la voiture, les photographes reconnaissent la silhouette présidentielle. « *Ils étaient bien renseignés, tout de même !* » laisse échapper l'illustre passager, tandis que la R30 redémarre.

Fin 1982, voilà qu'un « tuyau » signale que Carbone 14, une impertinente radio FM parisienne, prépare une émission libertine sur le Président. Discrètement alerté, le ministre de l'Intérieur met les Renseignements généraux sur le coup. Le soir même, policiers des RG et enquêteurs de la PJ se postent aux alentours de la station de radio. Ils sont vite doublés par plusieurs hommes de la cellule dirigée par Prouteau et son fidèle capitaine Paul Barril. Se croyant seuls, les gendarmes investissent le bâtiment avant de se hisser sur le toit des pirates des ondes. Ils cisaillent quelques câbles, sabotent l'émetteur, avant de se fondre dans la nuit. Il faudra tout le doigté de Joseph Franceschi, dévoué secrétaire d'État à la Sécurité, pour étouffer l'affaire...

Fausses alertes, angoisses injustifiées... Qui s'aventurerait en effet à l'époque sur le terrain privé des hommes politiques ? En ce début de septennat, les seules vedettes restent celles du cinéma et les célébrités ne s'appellent pas encore des people. La vie des élus demeure un territoire interdit aux médias. C'est l'usage français, la tradition du journalisme de plume et de commentaire héritée de Zola, les réflexes d'une presse hexagonale qui s'est souvent distinguée par son grand respect à l'égard du pouvoir.

L'eussent-ils souhaité, les journaux auraient eu de toute manière du mal, sous le règne du général de Gaulle, à instruire le procès d'un mari volage ou à nourrir une chronique « légère » qui ne relevât pas strictement de la chose publique. Interdites de publication dans la presse, certaines rumeurs prenaient parfois la forme de tracts, comme ceux distribués dans Paris – et vite attribués à des officines gaullistes – sur la supposée folie de la femme d'Alain Poher.

En avril 1970, cependant, Jacques Séguéla, qui a déjà abandonné la pharmacie pour la publicité, publie dans *L'Express* une annonce pour les moteurs Mercury. À l'image une photo – non autorisée – de Georges Pompidou sur son bateau, pantalon blanc et polo bleu, manœuvrant un moteur de la marque. Scandale médiatique. La réaction du pouvoir politique est immédiate et prend des voies très officielles. Dès le 17 juillet, une loi est votée précisant que « *chacun a droit au respect de sa vie privée* ». On comprend mieux pourquoi la presse, quelques mois plus tard, reste très discrète sur la maladie de Pompidou.

En ce début des années 1980, rares sont les journalistes qui s'interrogent – furtivement – sur l'étrange mal de dos qui frappe François Mitterrand. Alors Mazarine... On ignore jusqu'à son existence. Les rares initiés se taisent, et quand ils parlent, c'est plutôt qu'ils s'inquiètent. À l'Élysée, il arrive ainsi que Jean-Claude Colliard, directeur adjoint de cabinet, reçoive un coup de fil de mise en garde d'un journaliste zélé pour prévenir que le boucher de la rue Saint-Benoît parle un peu trop. « *Faites attention, tout de même...* »

Seuls les journaux d'extrême droite enfreignent en ce début de septennat ce code de discrétion complice et bienveillante. *Minute* et *Le Crapouillot* ne sont pas de ces institutions de la presse qui font et défont l'opinion d'un trait de plume. Leur lectorat reste circonscrit à quelques nostalgiques de Vichy, aux électeurs de l'extrême droite et à un petit noyau de rapatriés d'Algérie. Mais l'hebdomadaire fondé en 1962 par Jean-François Devay mène un combat politique. En 1975, déjà, il révélait l'acquisition par le « *sybarite du Programme commun* » d'un mas « *au lieu-dit Les Rapières* », à Gordes. La chute de l'article sonnait comme une menace :

« L'été dernier, on a beaucoup vu Mitterrand écumer la région en compagnie d'une jeune et jolie dame. On pense qu'il s'agit d'une conseillère en antiquités. »

La victoire de mai 1981 chauffe à blanc les ardeurs du journal d'extrême droite. François Mitterrand devient plus qu'un ennemi : une obsession, un gagne-pain. Ce Président-là, martèlent-ils chaque semaine à leurs lecteurs, il ne faut pas le croire sur parole. Avec une imagination de plus en plus fertile, des méthodes de détectives sans états d'âme, des calembours sans finesse et cette langue choisie propre aux organes de la droite nationale, les journalistes de *Minute* se mettent en tête de démêler l'écheveau de toutes les « *supercheries* » du Président : son patrimoine, sa santé, son passé, son attitude pendant l'Occupation, et bien sûr sa vie privée, tout y passe.

Au début, les salves du journal n'angoissent pas outre mesure l'Élysée. Qui peut croire cette feuille à scandale, ce brûlot d'extrême droite, se rassure-t-on au Château. On fait néanmoins inscrire le journal dans le service de presse. À l'époque, *Minute*, qui se veut *Le Canard enchaîné* de droite, a d'ailleurs sa place sur tous les bureaux des grands titres parisiens, entre un exemplaire du *Matin* et du *Figaro*. On le lit sans tout croire, mais on ne sait jamais.

On y découvre parfois des choses stupéfiantes. En octobre 1981, un reporter de l'hebdomadaire téléphone au maire de Gordes, un viticulteur nommé Marcel Florens, pour s'enquérir de l'identité de la gérante de la mystérieuse SCI Lourdanaud :

– *C'est Mme Pingeot!*, répond candidement l'élu.

Quelques jours plus tard, nouvel appel à l'hôtel de ville. Au bout du fil, le ton du maire, étrangement, est beaucoup plus sec. Le journaliste éconduit devine que l'élu a été sermonné d'en haut. Il téléphone à nouveau, empruntant cette fois la grosse voix d'un employé de la préfecture :

– *Vous avez parlé à un journaliste de* Minute?

– *Heu, oui*, s'entortille le pauvre M. Florens. *Je suis resté très vague... Je n'ai donné absolument aucun nom, aucun problème! Je l'ai même noté sur un carnet chez moi : SCI Lourdanaud, pas de nom de gérante. J'ai dit qu'il n'y en avait pas, j'ai bien compris de quoi il s'agissait*, poursuit l'élu à la peine.

Le 23 octobre, le journal publie le compte rendu des conversations et détaille l'opération immobilière du Vaucluse en titrant : « *Trop facile, le coup de la SCI!* » Pour la première fois, le nom d'Anne Pingeot apparaît dans les colonnes d'un journal. Un tabou est levé. Chaque ligne publiée va dès lors tailler une encoche dans l'univers capitonné de la seconde famille de Mitterrand. Cette même année

1981, l'hebdomadaire réussit à obtenir une série de photos d'Anne Pingeot tenant Mazarine par la main dans la rue. *In extremis*, Gilles Kaehlin, un ancien policier des RG recommandé par Joseph Franceschi et devenu le bras droit de François de Grossouvre – on le retrouvera bien des années plus tard en responsable controversé de la sécurité de Canal + – parvient à se procurer les clichés. Le parrain de Mazarine est effondré.

En novembre 2004, lors du procès des écoutes de l'Élysée, l'ancien policier a raconté comment Grossouvre avait tenté de monnayer les photos avec Jean-Claude Goudeau, directeur de la publication de *Minute*. Selon Kaehlin, un discret rendez-vous aurait été organisé au domicile de Goudeau, dans le XVIe arrondissement de Paris. Tandis que Kaehlin patientait dans la voiture, Grossouvre serait monté jusqu'à l'appartement. Il aurait posé cinq cent mille francs en espèces sur la table avant de rejoindre, en bas, son acolyte. « *C'est bon, mon petit* », aurait simplement laissé tomber le « cardinal ». Jean-Claude Goudeau, lui, a toujours démenti l'épisode.

La trêve ne dure pas. Été 1983. François, Anne et Mazarine – qui file sur ses neuf ans – passent le 15 juillet à Gordes. Hasard terrible, le même jour, une bombe mortelle explose près du comptoir de Turkish Airlines à l'aérogare d'Orly. Pris au dépourvu, le chef de l'État annonce son retour immédiat à Paris. Quelques esprits curieux s'empressent alors de s'interroger : mais que faisait donc François Mitterrand dans le Vaucluse ? La réponse figure dans le numéro de *Minute* daté du 13 août, intitulé « *La chaumière où Mitterrand fait la belle* ». L'article est illustré d'une photo de la propriété et une autre d'Anne Pingeot. La chute est redoutable. « *Elle est la maman d'une petite fille répondant à l'étrange prénom de Mazarine. Ce qui fait un peu florentin, mais est tellement original.* » Cette fois, c'est le prénom de la jolie petite fille à couettes qui est livré, noir sur blanc.

Lorsque Laurence Soudet montre l'article à Anne Pingeot, celle-ci – comme à chaque offensive de l'hebdomadaire – change de conversation. Hormis quelques revues spécialisées comme *L'Œil* ou *Beaux-Arts*, elle ne lit guère la presse, et surtout pas *Minute*. À l'Élysée, Mitterrand, lui, est fou de colère. Le 16 août, il enjoint le directeur adjoint de son cabinet, Gilles Ménage, de demander à Matignon la mise sur écoute de plusieurs rédacteurs du journal de l'avenue Marceau. La décision relève en effet administrativement du Premier ministre. Michel Delebarre, directeur du cabinet de Pierre Mauroy, regimbe, et demande le même jour s'il ne serait pas plus orthodoxe de faire appel au directeur général de la police nationale, Pierre Verbrugghe.

Nouvelle offensive de l'hebdomadaire, une semaine plus tard. Deux hommes se présentent à la base aérienne d'Étampes, au sud de Paris. Ils demandent au groupement aéronautique du ministère de l'Air, responsable du site, l'autorisation de louer un petit avion de tourisme. Alors que leur appareil s'élève doucement dans les airs, les deux passagers suggèrent au pilote de se diriger vers Souzy-la-Briche puis de survoler un château «*appartenant à des amis*». Souzy-la-Briche? Le jeune appelé du contingent cherche sur sa carte du ciel, sans se méfier. Comme tous les Français, il n'a jamais entendu parler de ce petit village cossu de quatre cents habitants qui domine la verdoyante vallée de la Renarde.

C'est pourtant là que, depuis 1982, le Président se réfugie le week-end avec sa famille cachée. Ce sont André Rousselet et Gilles Ménage qui ont déniché, après de longues investigations, ce petit château Restauration, à moins d'une heure au sud de la capitale. La feuille de route du futur patron de Canal + était précise : «*Il faut un endroit où le Président se sente chez lui le week-end.*» Avec l'œil intraitable de promoteurs immobiliers, les deux hommes s'étaient alors lancés dans la tournée de quelque trente résidences et domaines de la République. Le fort de Brégançon? Beaucoup trop éloigné de Paris. Versailles? Trop monarchique : autant dire que François Mitterrand se prend pour le nouveau Roi-Soleil. Le relais de chasse de Marly? Bien trop rustique. Un seul coup d'œil sur la table de cuisine en Formica avait découragé les deux collaborateurs du Président. Le chauffeur les avait enfin menés à Rambouillet. Là encore, déception. Le parc est ouvert au public. Et puis, ce mobilier Napoléon III, c'est d'un pompeux et d'un triste...

C'est alors que les Monuments historiques avaient évoqué un domaine mal connu, légué au milieu des années 1970 avec un magnifique collier d'émeraudes – Anne-Aymone Giscard d'Estaing le portera quelques fois – à la présidence de la République par un haut couturier et son épouse. Seule exigence des généreux donateurs : l'entretien, après leur mort, du tombeau qui les abrite avec leur chien dans la chapelle gothique du domaine, comme les gisants de l'abbaye de Fontevraud. François Mitterrand avait trouvé l'endroit parfaitement à son goût.

Du ciel, les deux hommes et leur pilote découvrent, entre un champ de maïs et une route nationale peu fréquentée, un splendide manoir blanc au cœur d'un parc boisé de quinze hectares magnifiquement entretenu. Un haut mur de pierre protège soigneusement la propriété, laissant juste s'échapper, par une douve, le mince filet d'eau de la Renarde. Le petit château de vingt pièces voisine avec une ferme et des communs. À cinq reprises, l'équipage survole la noble bâtisse. Brusquement, l'un des deux reporters sort son appareil et mitraille.

Le 27 août, *Minute* brandit en une la photo aérienne de la propriété de Souzy, sous le titre, énorme : «*Le Château secret de Mitterrand. Toutes les photos de la garçonnière qu'il nous cache*». Le journal décrit l'étang et le court de tennis noyé au milieu de trois cent quatre-vingts hectares, évoque des chasses privées, des travaux ayant coûté «*des milliards*»... Pour François Mitterrand, c'est l'attaque de trop. Le 31 août, fumant de rage, il convoque à nouveau Gilles Ménage :

– *C'est intolérable ! Il faut déclarer la guerre à* Minute. *Il doit bien exister une police capable de faire des enquêtes !*

– *J'ai du mal à obtenir les écoutes téléphoniques de Matignon, monsieur le Président...*, plaide péniblement son collaborateur.

Mitterrand perd son sang-froid :

– *Le devoir du Premier ministre est de me protéger ! Puisque ces journalistes veulent tout savoir sur moi, moi je veux tout savoir sur eux. Je casserai tout ministre ou fonctionnaire qui fera obstacle aux recherches que je demande. Que fait la police ? Trouvez-moi un homme ambitieux pour mener à bien cette mission, il sera dûment récompensé. Vous avez trois mois pour mener à bien cette affaire. Je veux une réplique brutale.*

Avec plusieurs hommes de la cellule antiterroriste de l'Élysée, Gilles Kaehlin s'attelle à la tâche. Des repérages sont réalisés autour de la maison du patron de *Minute*, près de Rambouillet. Des fiches détaillées sur les journalistes de l'hebdomadaire, rédigées avec soin. Le ministère de l'Intérieur est prié de bloquer la demande de naturalisation française de l'actionnaire principal de l'hebomadaire, le Belge Maurice Brébar. Le 7 janvier 1986, Jean Roberto, chef des « infos géné », est placé sur écoute sous le pseudonyme d'« *Édith* ». Très commode pour déjouer quelques-unes des manœuvres d'approche de l'incontrôlable journal de l'avenue Marceau. Comme ce jour d'avril 1986 où deux « livreurs » arrêtent leur camionnette devant les grilles de Souzy pour, disent-ils, déposer une armoire. Un gendarme invite d'un sourire entendu les deux reporters à rebrousser chemin. À piégeur, piégeur et demi !

Le GSPR est si accaparé par sa mission auprès de Mazarine et Anne qu'il en néglige d'autres points vulnérables de la vie agitée du Président. Il faut dire que celui-ci ne lui dit pas tout. Il a par exemple volontairement omis de leur parler de Christina Forsne, une jolie journaliste suédoise rencontrée en 1979 aux assises de l'Internationale socialiste en Suède et devenue depuis correspondante en France d'un quotidien de Stockholm. Le 30 novembre 1983, à la nuit tombée, alors qu'elle rejoint son appartement de l'île Saint-Louis, la jeune femme blonde est agressée au couteau quai de Montebello par un jeune homme qui lui vole son sac et ses clés. Au téléphone, en larmes, elle raconte la scène à

François Mitterrand. « *Calmez-vous, je vais faire le nécessaire. La police va contrôler votre porte à chacune de ses rondes.* »

Est-ce ce ballet inhabituel autour de l'immeuble qui alerte et agace un voisin ? Ou un « tuyau » de policiers proches de la FPIP, un syndicat d'extrême droite ? *Minute*, en tout cas, est très vite au courant. L'un des journalistes trouve le numéro de téléphone de la jeune femme en feuilletant un simple annuaire. Il appelle, affecte le timbre rassurant d'un officier de police :

– *Bonjour, commissariat du IVe arrondissement. Nous appelons au sujet de votre agression. Nous avons arrêté un suspect mais il faudrait que vous vous présentiez dans deux heures au poste pour procéder à l'identification.*

La jeune femme hésite, puis :

– *Très bien. Je viens.*

Lorsque Christina Forsne quitte son immeuble, le photographe de *Minute* est déjà en place depuis longtemps. Le portrait paraît quelques jours plus tard dans l'hebdomadaire d'extrême droite, accompagné de la manchette : « *L'amie suédoise du Président.* » Gilles Ménage, un peu agacé, se décide à évoquer devant François Mitterrand cette « amie » dont l'existence n'a jamais été signalée aux hommes du GSPR. Le Président époussette négligemment l'allusion : « *Mais je la connais à peine...* »

Le chef de l'État connaît en revanche très bien Françoise Giroud. Il a rencontré la journaliste au lendemain de la guerre. Il la juge brillante mais bien trop mondaine. Surtout, il ne lui pardonne pas ses affections politiques : Mendès – «*Votre Mendès*», la pique-t-il souvent –, et puis Giscard, qu'elle servit comme secrétaire d'État à la Condition féminine en 1974. En janvier 1983 paraît – aux éditions Mazarine – *Le Bon Plaisir*, premier roman de la fondatrice de *L'Express* dont l'intrigue – un président de la République volage est le père d'un enfant adultérin – offre quelques correspondances troublantes. François Mitterrand? Valéry Giscard d'Estaing? s'interroge le Tout-Paris. Mais quelle idée, dément l'auteur, papillonnant de sa malicieuse prunelle, tout cela n'est que pure fiction. «*C'est Georges Boris!*» concède-t-elle, sourire angélique, à son confrère Ivan Levaï, en citant le plus fidèle ami et conseiller de PMF. Plus tard, avec le même aplomb, la journaliste assure dans une lettre à Gilles Ménage que son héros s'inspire, en fait, de... Laurent Fabius.

Comment, pourtant, ne pas reconnaître dans le héros du *Bon Plaisir* la figure du Président socialiste, surtout lorsque Jean-Louis Trintignant lui prête au cinéma son fin profil et sa voix suave et intimidante, en 1986? Comment ne pas deviner François Mitterrand derrière ce bourgeois provincial rêvant d'interdire aux femmes le port du pantalon et refusant le divorce pour mieux gravir les échelons du pouvoir? Et puis, il y a cet étrange surnom, Castor. Françoise Giroud pouvait-elle ignorer, en écrivant son roman à clé, que Castor, en vieux français, se dit « bièvre », nom d'une rue fameuse du Ve arrondissement où coulait une rivière et où loge un Président ?

Comme Anne Pingeot, Claire, l'héroïne de Françoise Giroud, épuise sa jeunesse à attendre son amant, possède un joli coup de crayon et apprécie l'art. « *Tu devrais faire acheter un Diebenkorn par Beaubourg, ils n'en ont pas !* » lui fait dire l'auteur alors qu'elle s'adresse à Castor. L'enfant caché – ici un garçon prénommé Mike – nourrit comme Mazarine une passion pour l'équitation. On le surprend galopant dans le vaste parc d'une demeure du XVIIIe où le Président aime se reposer le week-end et où les gendarmes trompent leur ennui en jouant au ballon. De là à y reconnaître les hommes du GSPR à Souzy... Les « garçons » eux-mêmes sont troublés en découvrant le film de Francis Girod.

L'auteur s'approche tant de la vérité qu'elle la précède parfois. Ainsi la fameuse scène du petit chat, qui a chiffonné les esprits de plus d'un « initié ». Mike égare son animal dans le parc et tout un bataillon de gendarmes se lance à sa recherche. Quelques années plus tard, Mazarine connaîtra à deux reprises la même mésaventure. Alors que la petite fille rentre de Souzy, son chat s'échappe par la fenêtre, pour disparaître dans le trafic de la place Denfert-Rochereau. Aussitôt, on organise une battue au pied du lion de Belfort. Un autre jour, le chat s'échappe sur le tarmac de l'aéroport de Clermont. L'avion doit repartir, malgré les pleurs de sa jeune maîtresse. Hubert Védrine, alors de permanence à l'Élysée, reçoit en pleine nuit un coup de téléphone : on a enfin remis la main sur le félin. C'est par avion du Glam que l'animal indiscipliné rejoindra Mazarine à Gordes.

Coïncidences ou non, Jacques Attali et Christian Prouteau sont furieux de l'audace de la romancière. Gaston Defferre, le ministre de l'Intérieur, inflige une scène épouvantable à « Françoise ». Le Président, lui, n'est pas dupe des manœuvres de « la Giroud ». Finalement, ces deux amoureux du pouvoir se ressemblent. Elle veut jouer ? Eh bien, lui aussi. Le Président feint donc une parfaite indifférence lorsque paraît le roman. Mieux, quand l'écrivain décide d'adapter son best-seller au cinéma, il accepte que l'équipe de Francis Girod filme les extérieurs de l'Élysée, tandis que Robert Badinter prête son bureau de la place Vendôme. Le chef de l'État pousse la malice jusqu'à remettre la Légion d'honneur en personne à la journaliste, en 1983. « *C'est la France, madame, qui vous honore* », lâche-t-il, solennel et impassible, en épinglant la rosette au revers de son tailleur en velours. « *Il a l'intelligence de ne pas sourciller* », sourit en lui-même Gilles Ménage. On peut toujours s'entendre avec les écrivains, pense François Mitterrand. À tort.

VIII

Il faut bâillonner Jean-Edern

« Eux et leur cour, en absence et en face,
Par plusieurs fois m'ont usé de menace
Dont la plus douce était en criminel
M'exécuter. »

Clément Marot, *Épître au Roi.*

Tout commence par un banal contrôle fiscal. En 1981, les fonctionnaires du Trésor s'aperçoivent que l'écrivain Jean-Edern Hallier, domicilié place des Vosges, à Paris, n'a pas rempli la moindre déclaration depuis 1979. Lettres de rappel, amendes, mises en demeure, rien n'y fait : le polémiste reste sourd aux injonctions du fisc, qui lui réclame trois cent mille francs d'arriérés d'impôts et de contraventions impayées. En décembre 1983, des huissiers se présentent chez lui. « *S'ils entrent, je me flingue. Ce sera Fort-Chabrol!* » prévient derrière la porte le romancier aux cheveux indomptés. Il doit se rendre à l'évidence. À l'Élysée, on l'a oublié.

Jean-Edern Hallier est alors un écrivain en vogue. Il a vécu l'aventure de la revue *Tel Quel* avec Philippe Sollers, celle des *Cahiers de l'Herne* avec Dominique de Roux, fréquenté Georges Bataille, Jean Paulhan, François Mauriac, Louis Aragon, vendu *La Cause du peuple* et créé en 1969 *L'Idiot international*, un temps parrainé par Simone de Beauvoir. Il séduit par ses rêves d'éden littéraire sans magouilles ni nègres. Mais s'il se remarque, c'est aussi pour son narcissisme et sa perversité. Cette plume virevoltante aime le mauvais goût, l'argent facile, trouve de la jouissance à envenimer les blessures avec sa plume. Il s'emporte souvent sans lucidité, postillonne, vocifère, comme possédé. L'insulte est «*un genre essentiellement poétique*», estime-t-il.

Le rappel à l'ordre des huissiers balaie d'un coup le rêve de gloire de ce fils de général. C'est donc clair, il ne peut pas compter sur François Mitterrand. Il n'aura rien de lui. Et pourtant, combien ces deux-là se sont courtisés ! Ils se sont épiés, regardés, et enfin reconnus : grands lettrés, issus l'un et l'autre de familles conservatrices. Il le rencontre une première fois chez Lipp, avec Roland Dumas. «*Je savais que nos destins devaient se croiser un jour*», lance François Mitterrand à l'auteur du *Grand Écrivain*, le 15 juin 1973, alors qu'ils déjeunent ensemble à La Closerie des lilas. Un an plus tard, le romancier écrit au premier secrétaire du PS pour dire combien il a été choqué que des militants « mao » l'aient chahuté sur le plateau du Larzac.

On se revoit cinq jours après la défaite de 1974. Le premier secrétaire du PS se rend avec son épouse Danielle à Amblaincourt, près de Rambouillet, pour une partie de campagne chez les Hallier. Le candidat malheureux y passe une douce après-midi à écouter dans son fauteuil à bascule Jean-Edern soliloquer sur Ezra Pound, Paul Morand et Francis Ponge. « *Comment, vous ne connaissez pas* L'Argent, *de Péguy ?* » s'étonne Laurent Hallier, le frère cadet. Mitterrand promet de combler cette lacune. Il se désole en revanche d'autres lectures qui traînent chez ses hôtes, comme ce numéro de *Charlie Hebdo* qui titre : « *Giscard tête de nœud* ». François Mitterrand fait la grimace. Vulgaire, choquant. Décidément, il ne partage pas l'humour de Jean-Edern.

Comme Jean-Pierre Chevènement, séduit par la « *trombe dionysiaque* » et le « *typhon verbal* » de l'auteur de *La Cause des peuples*, François Mitterrand trouve néanmoins beaucoup de talent au romancier, qu'à l'époque il ne désespère pas de consacrer un jour écrivain officiel du régime. « *Une œuvre puissante s'annonce*, écrit le chef du PS dans *Le Nouvel Observateur* du 18 novembre 1974. *L'écrivain se place au premier rang de sa génération* [...]. *Jean-Edern Hallier est de la race des grands écrivains.* » Encostumé et cravaté, Hallier sait rendre la politesse devant les caméras de télévision, en 1981 : «*Je suis sûr qu'il sera ce qu'il est déjà, c'est-à-dire un grand Président.*» C'est le temps de l'idylle.

Avec la victoire, Jean-Edern Hallier s'exalte tout seul. «*C'est dans le sac! Je vais être le Malraux de Mitterrand. Ce n'est qu'une question de jours*», confie-t-il à ses proches. Et puis, maintenant, il compte des amis au Palais : Grossouvre, Attali, Rousselet... Il leur fait savoir qu'il est là, et qu'il rêve d'une émission littéraire à la télévision. Le pilote est déjà prêt. Pourquoi pas la présidence d'une chaîne? Après tout, il a fondé la première radio libre, avec Brice Lalonde et Antoine Lefébure. Au pire, l'écrivain accepterait la direction de la villa Médicis, à Rome.

Mais les jours passent, et Jean-Edern ne voit rien venir. Il s'étonne d'abord de ne pas être convié à la réception de l'Élysée, le 21 mai, et de devoir en conséquence forcer les grilles du Palais pour déguster les petits-fours que la République offre habituellement, ce jour-là, sans trop de discernement. Deuxième malaise l'après-midi, au Panthéon : éternelle écharpe blanche autour du cou, l'écrivain est cantonné rue Soufflot avec son éditeur Olivier Poivre d'Arvor, loin derrière le rang d'honneur, où Willy Brandt, Roland Dumas, Roger-Patrice Pelat, Pierre Bérégovoy et Dalida en robe de fête jouent des coudes. Tous ses camarades «intellectuels» qui s'étaient engagés dans la campagne présidentielle, de Régis Debray à Jacques Attali, emportent maroquins ou ambassades. Et lui ?

Puisqu'on a décidé de l'ignorer, l'auteur de la *Lettre ouverte au colin froid*, qui plongeait Valéry Giscard d'Estaing dans un court-bouillon d'injures, en 1979, va s'installer pour de bon dans le pamphlet, genre injustement oublié, estime-t-il, depuis Léon Bloy et Charles Péguy. On méconnaît son talent et on le traite avec ingratitude ? C'est décidé, il sera à François Mitterrand ce que son héros, Victor Hugo, fut à « Napoléon le petit ». Mais à la mode Hallier, c'est-à-dire à la façon d'un « *Voltaire des garçons coiffeurs* ».

La guerre des nerfs débute à l'été 1981, quand le billettiste se moque dans son bloc-notes du *Matin* de la cérémonie d'investiture, plus proche du sacre de Napoléon que d'un meeting de Jaurès. Il ricane des airs de « *sous-préfet lamartinien* » du Président escaladant la roche de Solutré; s'attaque ensuite à sa santé. « *Une triste nouvelle, que je rends publique, après avoir beaucoup hésité : Mitterrand a un cancer. Chacun le chuchotait en douce, depuis son dernier examen du Val-de-Grâce* », écrit-il. Le papier est censuré par le quotidien socialiste et le provocateur aussitôt licencié. À l'Élysée, on se contente de hausser les épaules. « *Hallier raconte n'importe quoi. Il a confondu Mitterrand avec son frère, Jacques, le général, qui fréquente l'hôpital des Armées* », explique-t-on.

Le grand show de Jean-Edern peut commencer. L'ébouriffant écrivain entame une «grève de la vue» devant l'Élysée avec une cagoule sur la tête. Avec un comparse à la santé mentale fragile, il organise son propre enlèvement, au printemps 1982, revendiqué par de fumeuses «*Brigades révolutionnaires françaises*». Il commandite un attentat devant la porte de l'appartement heureusement inoccupé de l'intellectuel Régis Debray, qui avait eu le malheur de déceler dans le livre de Jean-Edern Hallier sur les révolutions sud-américaines, *Chagrin d'amour*, quelques jolies impostures. Immeuble où résident également des parents de Pierre Joxe...

L'incontrôlable Jean-Edern envoie aussi quelques amis haut placés plaider sa cause auprès du directeur du cabinet de François Mitterrand, Jean-Claude Colliard. Parmi ces émissaires, Jacques Sauvageot, alors administrateur du *Monde*, qui réclame pour son ami la somme de cinq millions de francs, en retour sur investissement pour son engagement dans la campagne présidentielle. L'ancien leader étudiant est courtoisement reconduit à la porte.

Dans chaque nouveau refus, Jean-Edern puise de nouvelles forces. Cette fois, il décide de toucher le Président au cœur. Le 14 décembre 1983, plus que jamais acculé par le fisc, il prend sa plume : «*Un grave préjudice moral et professionnel m'a été causé depuis le 10 mai 1981. Enfant naturel d'une gauche que j'ai largement contribué à mettre au pouvoir, j'attends de l'État réparation, dommages et intérêts. Non-personne, n'ayant pas de reconnaissance légale, je veux au moins être traité comme la fille naturelle du président de la République, née d'Anne Pingeaud* [sic] », écrit-il au trésorier de son arrondissement. « *Bâtard pour une bâtarde...* » Un double du courrier est envoyé à l'Élysée à Éric Arnoult – le vrai nom d'Erik Orsenna – ainsi qu'à Henri Emmanuelli et à Jacques Delors. Quelques jours plus tard, le polémiste annonce à la presse la publication prochaine d'un pamphlet intitulé *Tonton et Mazarine*. Le chantage ne peut pas être plus clair.

Cette fois, l'Élysée s'affole. Il faut à tout prix mettre la main sur le brûlot. Vrais ou faux amis, un incessant défilé débute place des Vosges : l'ancien RG Gilles Kaehlin, le « numéro deux » de la cellule de l'Élysée Jean-Louis Esquivié, le capitaine Paul Barril... Ce dernier lui conseille de reporter la publication de son livre, rebaptisé *L'Honneur perdu de François Mitterrand*. Lors d'un dîner chez Lipp, il se fait remettre par Hallier lui-même le manuscrit, un gros cahier à spirale couvert d'encre bleue. Il réussit également à récupérer les deux gros calibres – dont un 11,43 – que l'écrivain détenait dans son appartement pour... tirer sur les pigeons.

Un inspecteur de la section « presse » des RG parisiens se fait de son côté passer pour un correspondant de l'agence Reuter. Il veut, ment-il à Hallier, diffuser le pamphlet à l'étranger. En mai

1984, autour d'un verre, à La Closerie des lilas, le faux journaliste est autorisé à lire le manuscrit, que l'œil rond de Philippe Sollers découvre aussi par-dessus son épaule. Il parvient enfin à arracher la liasse de feuilles à Jean-Edern, et la fait passer au préfet de police Guy Fougier.

Les hommes du Président disposent désormais d'une demi-douzaine d'exemplaires du pamphlet, que quelques journalistes parisiens se font passer sous le manteau. Prouteau le lit, horrifié, en pestant contre l'écriture et les ratures d'Hallier : « *C'est illisible !* » Le tapuscrit arrive enfin dans les mains de François Mitterrand. Le Président quitte son bureau, prend un fauteuil, chausse ses lunettes. Lentement, une à une, les pages défilent devant son visage blême. Deux heures durant, sous le regard embarrassé de Roland Dumas, il détaille ce texte glauque, souvent infâme, qui délire en le dépeignant nu, sodomisé sur une plage d'Hossegor. Hélas, entre deux envolées lyriques, il contient aussi quelques encombrantes vérités : son admiration pour le colonel de La Rocque, son passage à Vichy... Grâce aux compagnons de résistance de son père, comme Marie-Madeleine Fourcade, à des anciens de la Cagoule, et à des journalistes proches de l'extrême droite, Hallier plante le décor pour le journaliste Pierre Péan lorsqu'il racontera la fameuse francisque octroyée par le maréchal Pétain, en 1943.

« C'est un voyou. Je veux savoir où il est, tout ce qu'il fait. Il faut le mettre hors d'état de nuire ! » s'emporte le chef de l'État. S'il est aussi furieux, c'est que figurent aussi dans le manuscrit les noms de Mazarine et d'Anne, ainsi que les villégiatures de Gordes et Souzy. Rien de plus, à vrai dire, que les informations de *Minute*. Mais sous la plume d'un auteur connu, qui s'est engagé publiquement à gauche, ces passages sensibles pourraient produire l'effet d'une déflagration. « *Je ne veux pas que cet ouvrage sorte* », conclut-il sévèrement devant Gilles Ménage.

Pour la première fois, François Mitterrand a vraiment peur. Mais comment arrêter le tourbillon Jean-Edern ? Un matin, le Président convoque sans préavis Roger Hanin à l'Élysée :

– *Roger, vous savez peut-être que j'ai une fille, Mazarine. Je ne voudrais pas que vous l'appreniez par la rumeur publique.*

Silence stupéfait du beau-frère.

– *Hallier n'a pas digéré de ne pas avoir été convié au premier déjeuner officiel du Président élu à l'Élysée*, poursuit François Mitterrand. *Il en a conservé une haine inexpiable. Il s'apprête à faire éclater sa bombe. Je sais que l'une de vos amies le connaît. Allez la voir, parlez-lui. Je ne doute pas qu'une intervention intelligemment présentée pourrait le calmer.*

Le futur commissaire Navarro ne pose aucune question et promet de faire de son mieux. En raccompagnant le mari de Christine Gouze à la porte, le Président ose tout de même un sourire :

– *Vous savez, Roger, finalement... je n'aurai jamais autant d'enfants qu'Henri IV.*

Dérisoires exercices diplomatiques... Mitterrand comprend qu'il faut frapper bien plus fort. Et s'asseoir sur les odes à la liberté et les saints principes qui étaient les siens dans l'opposition. «*Je ne puis m'empêcher de penser que la dictature du micro est aussi celle des idiots. Que font-ils donc de ces milliers de mots volés ?*» demandait le candidat de la gauche dans *La Paille et le Grain*, en 1975, avant de faire éventrer – sans succès – les murs de la rue de Bièvre, persuadé qu'on les a truffés de systèmes de surveillance. Indignations légitimes, mais d'un coup envolées dès lors qu'on décide d'éventer ses secrets à lui.

C'est ainsi que commence ce qui restera l'un des plus grands scandales du premier septennat, ausculté vingt ans plus tard, fin 2004 et début 2005, lors d'un long et retentissant procès. Mitterrand a décidé : il faut écouter Jean-Edern Hallier. La cellule de Christian Prouteau a exécuté. «*L'Élysée, c'est une organisation à plusieurs têtes. Je me suis adressé à l'interlocuteur normal, le secrétaire général, Jean-Louis Bianco, qui m'a confirmé que c'était bien le Président le demandeur*», a confié l'ancien directeur de cabinet du Premier ministre, Louis Schweitzer, le 17 janvier 2005, à l'audience.

Pour cela, on utilise les écoutes administratives regroupées dans un gigantesque sous-sol des Invalides. Les hommes du Président s'y approprient en toute illégalité vingt lignes. Dans ce lieu ultrasecret où tournent simultanément plus de mille magnétophones disposés en véritables murs, ils vont tenter de suivre à la trace Jean-Edern. Le capitaine Jean-Yves Guézou est chargé de retranscrire sur papier pelure les conversations de l'écrivain au jour le jour. Chaque matin, un motard de l'armée dépose une liasse d'écoutes au palais de l'Élysée. Là, elles sont épluchées puis entrées dans un fichier informatique spécialement créé pour l'écrivain, qui atteindra vite huit cents pages. Son nom : «*Kidnapping*».

Les hommes de Prouteau soignent les pseudonymes de leur cible : «*Kid*», «*Plume*», «*Fabulateur*» ou «*Fou*». Chaque fois que le polémiste décroche le téléphone de son appartement de la place des Vosges – nom de code : «*Cape*» –, un magnétophone se déclenche automatiquement au sous-sol des Invalides. Sans, bien évidemment, que le polémiste ou son interlocuteur se doutent de quoi que ce soit. Mais Jean-Edern est remuant. Il se lève à l'aube, passe son temps au téléphone, toujours d'un endroit différent. Inquiète, la cellule décide de brancher aussi son entourage. Ce sont les fameuses écoutes «en étoile».

Tout l'univers de Jean-Edern y passe. Sa cuisinière équatorienne (« *Fabulateur 2* »); le bistrot où il prend son petit-déjeuner, Le Vieux Comptoir (« *Vieux* »); ses éditeurs; sa cantine préférée, La Closerie des lilas (« *Classe* »); son vieil ami Sylver Sembat; le fils de l'écrivain Jean Dutourd, Frédéric; l'hôtel où il se repose parfois, le Montalembert; la comédienne Carole Bouquet (« *La Bûche* »), qui a le défaut de partager sa vie avec un ami du polémiste, Jean-Pierre Rassam...

Chaque détail est noté : ses rendez-vous avec le Tout-Paris, ses sources, ses projets de voyages en Corse, la santé de sa mère puis les préparatifs de la messe d'enterrement de celle-ci, ses difficultés financières persistantes, ses états d'âme d'écrivain, sa vie sentimentale, ses conversations avec l'avocat Jacques Vergès, et, surtout, l'état d'avancement de son manuscrit auprès des éditeurs... Jean-Edern est cerné. Et pourtant : « *Sur le contenu, il n'y a à aucun moment de menaces sur Mazarine et sur l'intégrité physique du président de la République* », conviendra franchement le 31 janvier 2005 Louis Schweitzer.

Six cent quarante feuillets d'écoutes sont recueillis pour la seule période de septembre 1985 à mars 1986. Lorsqu'il y a du nouveau, Gilles Ménage s'en ouvre au chef de l'État dans des notes marquées : « *Objet : Jean-Edern Hallier* ». Le Président les paraphe parfois. Défile là toute la gamme de ses intérêts et de sa vigilance. Le «*vu*», souligné ou non, entouré ou pas. «*FM*» quand l'affaire est plus sérieuse. «*François Mitterrand*» quand elle est franchement grave. «*À comparer avec vos informations!*» lit-on sur une note du 14 juin 1984. Ou encore, le même mois : «*S'informer chez Albin Michel*», l'éditeur de Jean-Edern. Un peu plus tôt, le 29 février, le Président avait été invité par Christian Prouteau à «*cocher les noms*» des personnes citées qui l'«*intéressent*», pour les placer à leur tour sur écoute.

Espionner Jean-Edern, pour mieux le bâillonner. Se servir de ses confidences, presque en temps réel. Jean-Edern contacte-t-il l'avocat Jacques Isorni pour lui raconter le contenu de son livre ? François Mitterrand convoque Roland Dumas. Il a appris par les hommes de la cellule que son ami s'apprêtait ce jour même à déjeuner avec l'ancien avocat du maréchal Pétain. «*Dites-lui que ce fou* [...] *a pris contact avec des opposants terroristes et veut maintenant s'en prendre à ma fille et l'enlever pour exercer un chantage!*» intime François Mitterrand au ministre des Affaires étrangères. Dumas est stupéfait que son emploi du temps soit ainsi surveillé : «*Vous écoutez les avocats, à présent?*» risque-t-il. «*Non*, répond le Président. *On surveille Jean-Edern Hallier.*»

Des conseillers du Président rendent une visite «amicale» aux éditeurs qui seraient tentés de publier *L'Honneur perdu*. Un à un, dix-sept renoncent. L'Élysée souffle. En juin 1984, Jean-Edern, robe de bure et corde autour du cou, comme naguère les bourgeois de Calais, brûle son manuscrit devant l'Élysée. On croit à la fin du feuilleton.

Mais un jour de juillet 1984, au téléphone :

– *Ça y est ! Je relance* L'Idiot*!* hurle Jean-Edern à un ami.

L'Idiot international... Puisque tous les éditeurs parisiens se sont dégonflés, ce « France-Dimanche *d'aristos* », qui veut en finir avec la « *sous-culture de masse* » des « *journaleux* », va publier – enfin ! – les révélations du polémiste. Un premier numéro est prévu pour la mi-septembre. Le 11, le ministre de l'Intérieur, Pierre Joxe, transmet à Gilles Ménage une note de ses services : « *Le premier numéro donnera toutes les explications et tous les détails sur Mazarine, fille présumée du Président.* » *L'Honneur perdu* sera publié par épisodes. Consternation présidentielle : un journal sur Mazarine dans tous les kiosques de France !

François Mitterrand prend cette fois le commandement des opérations. Son Premier ministre, celui de l'Intérieur, des Finances, du Budget, tous cette fois sont prévenus : *L'Idiot* ne doit pas sortir. Il note :

« *Agir vite et fermement dans le sens que vous indiquez.*

1) Ministre Défense

2) Impôts
Me rendre compte. FM. »

Collaborateurs, amis, tous entament leur travail de sape. Chargé de la presse, Jean-Claude Colliard intervient depuis l'Élysée auprès des NMPP, qui possèdent le monopole de la distribution, pour qu'elles bloquent les recettes du numéro zéro de *L'Idiot*, publié le 24 juillet, et ne les remettent pas à Hallier, en raison de l'avis de saisie à tiers-détenteur notifié par le ministère du Budget suite aux arriérés d'impôts de l'écrivain.

Il s'occupe aussi des télés. Pour avoir annoncé la nouvelle formule de *L'Idiot*, Serge Moati, directeur de FR3, est ainsi rappelé à l'ordre. Sanction plus sévère encore pour Henry Chapier, qui a laissé passer au JT de FR3 un sujet sur la relance de *L'Idiot*. Son magazine « Confrontations » est tout bonnement supprimé de la grille. Motif invoqué – et suggéré dans une note par Prouteau : « *raisons budgétaires* ». Avant lui, le 2 mars 1984, Jacques Merlino avait été convoqué par le directeur des programmes d'Antenne 2. L'animateur devait recevoir Hallier sur le plateau d'« Aujourd'hui la vie ». « *Cette émission, ce n'est pas une très bonne idée* », avait lâché Pierre Wiehn deux heures avant le direct. Le plateau avait été annulé. À la place, les téléspectateurs avaient eu droit à un programme sur la retraite au soleil.

À chacun sa mission. Pierre Joxe, André Rousselet et Roland Dumas se chargent des fournisseurs de papier, des photocompositeurs et des imprimeurs. Le ministre de l'Intérieur obtient que le contrat du premier numéro ne soit pas honoré par l'imprimerie de La Noue, à Bagnolet. Et le papier n'arrive jamais.

Même la DST s'en mêle. Le 11 septembre, les policiers entendent longuement le directeur administratif et principal bailleur de fonds du journal, Jan Byck, un Tchèque. Le lendemain, c'est la Direction des douanes qui se présente chez M. Byck, à l'heure du laitier. Le 20, il est convoqué par la Brigade financière. Fin septembre, Byck jette l'éponge et annonce son départ de *L'Idiot*. «*Je ne suis pas fou, j'ai la trouille*», justifie-t-il.

Pour son coup de main à son copain Jean-Edern, Guy Trillat, directeur artistique de *Paris Match*, découvre tout l'arsenal des intimidations élyséennes. L'un de ses maquettistes est agressé alors qu'il se rend à l'atelier de photogravure – l'enveloppe contenant les maquettes disparaît. Trillat essuie aussi un contrôle fiscal, est placé sur écoute avec sa compagne, reçoit des appels téléphoniques anonymes en pleine nuit. Un nouveau palier est franchi. Le père de famille reçoit des menaces de mort. «*Quand tes enfants traversent la rue pour aller au parc Monceau, il faut qu'ils fassent bien attention*», lui glisse une voix au bout du fil.

La charge présidentielle se mue en véritable persécution. La paranoïa naturelle de Jean-Edern, accrue par ses penchants pour la vodka, la bière et la cocaïne, sont de précieux alliés pour les hommes chargés de le « neutraliser ». Bientôt, ils parsèment sa vie de dangers, de mystères ou d'anomalies. Un jour, ils l'assaillent à toute heure d'inquiétants coups de téléphone où l'écrivain ne peut entendre qu'une respiration. Un autre, c'est une moto qui le frôle dangereusement. Un troisième, c'est un homme qui le croise à quelques heures d'intervalle, et siffle sur son passage :

– *Alors, toujours prêt à sortir ton torchon ?*

Ou encore :

– *Vous n'avez aucune chance.*

Marie-Christine Hallier elle-même reçoit des menaces. Sur son paillasson, l'épouse de l'écrivain – mère d'un garçon de trois ans – découvre un petit cercueil d'enfant. Dans sa boîte aux lettres, l'avocate reçoit aussi un devis de marbrier qui facture ses obsèques. Au bout du fil, un homme l'appelle à son cabinet pour prendre rendez-vous. « *Mon épouse,* explique-t-il, *vient d'être victime d'un viol.* » La voix masculine détaille l'agression, et Marie-Christine Hallier réalise que le portrait de la victime lui correspond trait pour trait : vêtements, âge, profession des parents, maison de campagne dans le Pas-de-Calais...

Très vite, la traque porte ses fruits. Jean-Edern devient un homme aux abois. À tout le monde, il martèle que Mitterrand veut sa peau. Il s'en prend même un jour à Jean-Christophe Mitterrand alors que celui-ci déjeune au Fouquet's avec un metteur en scène algérien. Mais personne ne le croit. Plus l'écrivain est persécuté, moins on le prend au sérieux. «*Mais Jean-Edern, tu délires!*» lui répondent ses propres amis lorsqu'il assure qu'il est «*sur écoute*», mettant le tout sur le compte d'une parano grandissante. L'écrivain devient, comme il se décrit lui-même, le «*derviche tourneur de la place des Vosges*».

Quarante-huit heures avant la sortie du premier numéro, l'imprimeur, Gilbert Caron, reçoit un coup de téléphone.

– *Je m'appelle M. Paul.*

– *M. Paul? Excusez-moi, ça ne me dit pas grand-chose.*

– *Je ne peux pas vous donner mon nom, je travaille aux services secrets. Vous êtes en train d'imprimer à Noisy-Nord et au Blanc-Mesnil le journal de Jean-Edern Hallier*, poursuit la voix anonyme. *Je ne sais pas si vous êtes au courant, mais ce journal ne sortira pas. J'ai reçu l'ordre, pour la sécurité du territoire, de ne pas le laisser sortir. Quoi qu'il arrive, si le journal est imprimé, le camion sera retourné, les journaux seront brûlés.*

Le 10 octobre 1984, le premier numéro du nouvel *Idiot* paraît pourtant. L'écrivain a mis sous presse quelques dizaines de milliers d'exemplaires. Une semaine plus tard, alors que le numéro deux de l'hebdomadaire est sur le point d'être publié, « M. Paul » adresse un nouveau coup de fil à Gilbert Caron. « *Vous faites ce que vous voulez, mais les journaux, je ne veux pas qu'ils sortent. Vous arrêtez la machine.* » Cette fois, le ton de l'homme lui fait peur. Il obtempère. Jean-Edern Hallier, qui vient d'obtenir une remise d'impôts, renonce, épuisé, hagard, aux portes d'une folie où on a achevé de le pousser. Mitterrand est soulagé. Il a gagné. Mais le terrible mot lu un soir à l'Élysée résonne encore à ses oreilles : « *bâtarde* »...

IX

Une pyramide pour Anne

« Les empires passent, les musées restent, et au cœur des musées il peut y avoir des lieux secrets, purement privés, des chambres de recueillement spéciales. »

Philippe Sollers, *Le Cavalier du Louvre, Vivant Denon.*

Le 25 janvier 1984, Anne Pingeot et François Mitterrand rejoignent d'un pas léger Robert et Élisabeth Badinter au restaurant. Sur la carte du Tendre mitterrandienne, le garde des Sceaux et son épouse philosophe, fins, cultivés, élégants, sont les amis qu'Anne apprécie le plus. Ces quatre-là dînent souvent ensemble, chacun payant sa note, comme seuls peuvent le faire les étudiants ou les vrais intimes. C'est avec eux qu'ils viennent de sabler le champagne, rue Guynemer.

La soirée, en effet, est exceptionnelle. Pour la première fois, un bout de papier officiel unit enfin ce couple qui ne se dit pas. Quelques heures plus tôt, François Mitterrand a reconnu, devant notaire, cette enfant qui va fêter ses dix ans. Il s'est rendu en fin d'après-midi chez le garde des Sceaux, dans l'appartement qui surplombe les frondaisons du jardin du Luxembourg. Me Alain Medioni, recommandé par son ami Badinter pour sa grande discrétion, l'avait précédé de quelques heures dans le salon. Par souci de confidentialité, c'est la philosophe Élisabeth Badinter elle-même qui a tapé l'acte de reconnaissance, dans son bureau, sur sa petite machine à écrire.

François, Marie, Adrien, Maurice Mitterrand, né le 26 octobre 1916 à Jarnac (Charente) et domicilié à Paris, «*époux de Mme Gouze Danielle*», déclare «*reconnaître pour enfant naturel*» l'enfant «*Mazarine, Marie Pingeot, née le 18 décembre 1974 à Avignon*», lit-on sur le document. Le Président appose deux fois sa belle signature droite et carrée : en bas de l'acte notarié, et sur le timbre, en haut à gauche.

Le père malade est soulagé : sa fille chérie ne sera pas dans le besoin en cas de malheur. La mère est heureuse, sa conversation, ce soir-là, animée, et comme souvent à mille lieues de la politique. Anne a le cœur plutôt à gauche, mais pas militant. À l'inverse de son frère, François, un sociologue diplômé de HEC devenu expert aux questions de logement du PS, avant de rejoindre en 1981 le cabinet du ministre de l'Urbanisme et du Logement, Roger Quillot, maire de Clermont-Ferrand.

Difficile pourtant de ne pas être rattrapé par l'actualité quand on partage la vie d'un président de la République. Impossible, en cette année 1984, d'échapper au débat qui embrase la France sur l'école privée. Catholique de culture, François le socialiste se dit de «*tempérament religieux*» mais agnostique dans l'âme, tandis que Danielle «bouffe» volontiers du curé. Anne, elle, est croyante. Elle se signe lorsqu'elle franchit avec François Mitterrand le parvis des églises où, le week-end, ils aiment contempler les gisants. Cette foi simple plaît au Président : quand elle oublie de se rendre à la messe, il la gronde gentiment.

Tolérant, donc, et plein d'attentions : en février 1982, le Président rend visite à Rome au pape Jean-Paul II. Au moment de quitter le palais du Vatican, il fait choisir dans une corbeille de souvenirs qu'on lui tend une médaille à l'effigie du souverain pontife pour l'offrir à sa sœur si pieuse, Geneviève Delachenal, directrice chez Bayard-Presse. Soudain, il se ravise. Il en souhaite une seconde. «*Au fond, je devrais aussi en rapporter pour d'autres de mes proches*», explique-t-il, un brin mystérieux, à son porte-parole Michel Vauzelle.

Depuis son arrivée à l'Élysée, François Mitterrand veut mettre fin à la querelle séculaire de l'école. Après l'adoption du projet de loi, les premières réunions de travail entre les conseillers d'Alain Savary et le chanoine Guiberteau ont lieu chez sa sœur, Mme Delachenal, peu favorable au texte, et qui joue les modératrices. Mais la droite se déchaîne contre la gauche « liberticide », l'Ouest catholique s'embrase, et le débat s'enflamme. Le 4 mars, huit cent mille défenseurs de l'école privée défilent à Versailles ; le 24 juin, ils sont près de deux millions à « prendre » la Bastille, place symbole de la gauche. Coincé dans les embouteillages et dans une belle nasse politique – la démission du ministre de l'Éducation nationale, suivie par le remplacement à Matignon de Pierre Mauroy par Laurent Fabius –, François ironise gentiment : « *Tiens, tes amis sont dehors...* » Anne, en effet, comprend l'inquiétude de la France catholique et ne se gêne pas pour le dire au chef de l'État.

Si réservée soit-elle, la conservatrice ne manque pas de caractère. Au fond, elle apprécie cette liberté que la situation lui offre. Elle se montre ferme avec sa fille, et parfois même – plus difficile – avec François Mitterrand. Lorsque le Président se trouve en voyage officiel au côté de Danielle et vient aux nouvelles par téléphone, elle refuse de prendre le combiné, laissant Mazarine faire la conversation. Un jour, lors d'une promenade à Vérone avec le Président, Anne s'était fâchée, abandonnant le chef de l'État seul, désemparé, sous les regards gênés des gendarmes du GSPR, au milieu de badauds quémandant un autographe ou une poignée de main. Les « garçons » l'avaient entraîné et assis dans un café. Elle n'était réapparue que sur le tarmac, au pied de l'avion.

Anne est ainsi, spontanée, rétive aux compromis, mais secrète par inclination et par obligation. À ses confrères du musée, elle se livre plus par son coup de crayon que par ses confidences. À côté de sa signature, un petit visage, rieur ou boudeur, raconte ses états d'âme. Un smiley avant l'heure, laconique, mais pour elle, bien suffisant. Aux dîners de vernissages, aux coktails d'expositions, elle se contente le plus souvent d'écouter. Quand elle n'est pas spécialiste, elle se tait. Un soir qu'à table Alain Minc se lance dans un petit exposé sur l'intolérance des protestants – contrariée, selon lui, par les dragonnades – elle se penche et murmure doucement : « *Je suis d'accord avec vous, mais je n'ose pas le dire...* » Elle est de ces femmes que l'on ne remarque pas au premier abord mais qu'ensuite on observe, peut-être pour son port altier, son pas de ballerine ou, justement, ses silences.

Elle aurait souhaité d'autres enfants, et l'homme qu'elle aime pour elle toute seule. Mais, par amour, elle s'est résignée à cette vie de l'ombre. « *Maman, pour l'avoir tout entier, doit en contrepartie le partager* », écrit Mazarine. François Mitterrand admire sa force de caractère, son courage dans la solitude, son activité. Elle ne s'arrête jamais. Même en vacances, à Gordes, il y a toujours un mur de vieilles pierres à restaurer ou une plate-bande à sarcler. Et quand pour Orsay il faut convoyer une œuvre, en Allemagne ou en Angleterre, elle est toujours la première à se proposer. Cette fois, c'est François qui joue les jaloux et envoie même parfois son chauffeur à la gare, pour plus vite la retrouver.

Sa vie privée est imperméable aux indiscrétions. Sa passion des statues, elle, tient de l'obsession communicative. Anne est une pasionaria. De celles que le petit milieu des conservateurs connaît bien, qui possèdent la dévotion du service public, ne s'octroient qu'une semaine de vacances par an – et encore, avec des catalogues ou une thèse à la main. Après le très sélectif concours des conservateurs des musées nationaux en 1970, elle est devenue une spécialiste de la sculpture du XIXe siècle – plus particulièrement de sa seconde moitié. Dans les salles, elle est chez elle, volubile, virevoltant autour des sculptures qu'elle commente, telle une institutrice prosélyte. Elle questionne son auditoire, croise les mains derrière le dos et scelle ses lèvres en attendant une réponse. «*Bravo!*» lance la conférencière quand un visiteur touche juste.

Affinités électives... Il adore Lamartine, Chateaubriand et Renan? Elle connaît par cœur Carpeaux, Bourdelle, Maillol. Les deux dix-neuvièmistes se retrouvent dans un jeu savant de correspondances, s'émerveillent que son cher Rodin à elle ait sculpté son Balzac à lui. Ensemble, jamais ils ne s'ennuient. Mitterrand aime les femmes qui « savent ». Anne, l'intellectuelle, « sait ». Sur son curriculum vitæ figure en première ligne sa formation de maître verrier. De ses titres, c'est celui qui impressionne le plus François Mitterrand, respectueux depuis toujours du savoir-faire artisan. Ainsi ce sabotier nivernais de Gouloux, rencontré en 1946, Camille Marchand, auquel, où qu'il se trouve dans le monde, le chef de l'État envoyait toujours une carte postale.

Le Président découvre le maigre salaire des conservateurs, leur absence de statut reconnu, et s'en indigne. Au début des années 1980, son gouvernement crée l'École nationale du patrimoine : un corps unique, un concours commun, comme pour les énarques... À la direction de l'administration générale du ministère de la Culture, le conseiller d'État Jean-Ludovic Silicani s'étonne sans comprendre de la diligence inhabituelle avec laquelle la réforme est menée à bien.

Au tournant des années 1980, la spécialité d'Anne n'est pas – c'est un euphémisme – à la mode. La sculpture abondante et très académique du XIXe est assimilée aux « pompiers », et sa destruction massive pendant la Seconde Guerre mondiale – on coulait alors les bronzes pour fabriquer des armes – n'a pas ému les foules. « *Ennuyeuse* », soupirait Baudelaire. On ne voit dans les bustes et les statues des grands hommes qu'un art de commande de la IIIe République naissante, bon pour les places publiques et les salons haussmanniens.

Jugement injuste, estime Anne. Personne ne veut s'intéresser à la sculpture du XIXe siècle ? Elle va l'embrasser tout entière. Avec ses bronzes, ses marbres roses ou veinés de noir, ses caryatides, ses stucs et ses cires. Avec ses maîtres, ses disciples, ses querelles qui embrasent la conservatrice comme si elle les vivait dans sa chair. Au Louvre, elle est de la petite équipe qui, avec Michel Laclotte, prépare dès 1974 le musée d'Orsay. Mairies, familles, musées de province, tous sont mis à contribution. Pièce après pièce, avec ses collègues, la voilà qui constitue une collection, sillonne la France, à la recherche de legs et de dotations. La spécialiste va jusqu'à penser que les simples moulages et les plâtres, au plus proche du geste créateur, sont supérieurs aux bronzes.

Grâce à elle, Degas n'est pas seulement un célèbre peintre impressionniste : Anne redécouvre les modelages qui lui servirent à « *apprendre un métier d'aveugle* », comme disait l'artiste, et surtout à mieux apprécier les volumes. Quelque cent cinquante sculptures restées dans son atelier « *comme des exercices privés* », dit-elle, jamais exposées, à l'exception de la *Petite danseuse de quatorze ans*.

Elle aime aussi Pompon, ce fils de menuisier de Saulieu, ami des pigeons et des ours blancs, qui ne connut la célébrité qu'à soixante-sept ans. Elle s'émerveille de cette révélation qu'il eut, un jour, dans une basse-cour de sa ville, lorsqu'« *une oie vue à contre-jour lui révéla la force de la simplification* ». Elle raconte comment il transportait son établi sur l'herbe normande ou au Jardin des plantes, afin de saisir une poule en train de picorer ou un hippopotame en plein bâillement : « *Au grand air, la vérité d'une forme ne lui parut plus suffisante pour donner la sensation de la vie.* »

Sa passion finit-elle par rattraper François Mitterrand ? Le verbe sculpter entre en tout cas dans le vocabulaire du chef de l'État. « *Réussirons-nous à inscrire dans l'espace et à sculpter dans la matière notre projet de culture ? De toute mon énergie je m'y emploierai. À la réussite de son architecture se juge une civilisation* », déclare ainsi le candidat socialiste à la revue *Urbapress*, en mars 1981. À lui les grands travaux. Et d'abord celui qui lui tient le plus à cœur : le Grand Louvre.

Après tant d'autres depuis Malraux, il veut étendre à l'ancien palais l'ensemble du musée et déloger le ministère des Finances de l'aile Richelieu pour l'installer à Bercy, construire le plus grand musée du monde, offrir de nouvelles salles à Poussin, Champaigne, Bourdon. Anne, qui y travaille depuis 1972 et en connaît chaque cimaise, se désole de ces 790 sculptures enfouies dans les caves, faute d'espace pour les exposer. Il faudrait à ce labyrinthe de 1 700 mètres de long un hall d'accueil, des salles d'exposition, une librairie, un auditorium. Un lieu de plaisir pour cinq millions de visiteurs, et non trois. «*Le plus bel établissement de l'univers*», comme disait le fondateur du Louvre, Vivant Denon.

Il y a du Vivant chez Anne, de toute façon. Sentir, regarder, dessiner, graver, loin des vanités du monde : seuls comptent les signes, immortels, estimait le directeur des Musées de France sous l'Empire. À la jeune conservatrice, François Mitterrand n'a offert pour seul bijou qu'une perle noire d'Haïti, qu'elle a fait sertir en pendentif. La pyramide du Louvre sera son «cadeau».

François Mitterrand veut ce qu'il y a de mieux. Il confie le projet à Émile Biasini, ancien collaborateur d'André Malraux, recommandé lors de ses séjours à Hossegor et à Latche pour son aménagement de la Côte Aquitaine. Pour le gaulliste de cœur, pas de doute : l'architecte du Grand Louvre doit être Ieoh Ming Pei, le génial bâtisseur de l'aile moderne de la National Gallery de Washington. Cet architecte américain d'origine chinoise n'aime pas les concours ? Qu'à cela ne tienne, Biasini prend la tête d'un établissement public et lui offre le projet, écartant ainsi le ministre de la Culture, Jack Lang.

C'est une pyramide qu'imagine l'architecte. Une forme géométrique fondamentale, classique, venue d'Égypte, ce pays qui fascine tant Anne Pingeot et François Mitterrand. Un polyèdre transparent, en verre, de dix-neuf mètres de haut et de trente mètres de large à la base. Le projet surprend et le débat prend vite la forme d'une querelle entre Anciens et Modernes. «*Maison des morts*», «*gadget inutile*», «*verrue profanatoire*», «*Luna park en sous-sol*»... Tout y passe, y compris les arguments les moins louables : «*Mais pourquoi donc aller chercher un Chinois pour le Louvre?*» «*Ce n'est pas Dallas, ici*», s'entend dire Pei à la Commission des sites, tandis que l'ancien secrétaire d'État à la Culture, Michel Guy, et Françoise de Panafieu, à la mairie de Paris, prennent la tête de la croisade des «anti», avec André Fermigier, du *Monde*, et *Le Figaro Magazine*.

Mais les conservateurs en chef du musée du Louvre, comme Michel Laclotte, défendent, eux, le projet, et le font savoir par voie de presse. Claude Pompidou et Jacques Chirac, le maire de Paris, se laissent convaincre. François Mitterrand observe, sourire aux lèvres, la polémique. «*Quand François Ier a voulu supprimer et a supprimé la tour de Philippe Auguste, cela a été une protestation générale des échevins de la ville de Paris. De la même façon, quand Henri IV a voulu construire la galerie au bord de l'eau, on lui a fait les réprobations les plus vives.*»

Depuis le premier jour, Anne Pingeot et François Mitterrand suivent chaque détail de la construction. Tous les midis, du musée d'Orsay, la conservatrice va surveiller tel un chef de chantier clandestin l'état d'avancement des travaux. Qui la voit, piétonne anonyme de la cour Napoléon, observer sous tous ses angles, en mai 1985, les quatre câbles suspendus à une grue, préfigurant, grandeur nature, la déjà fameuse pyramide ? Qui devine que, le soir venu, François Mitterrand rapporte quai Branly les maquettes du Grand Louvre pour les livrer à l'œil intelligent de l'experte ? Parfois, c'est même Anne qui, à la nuit tombée, une fois le Palais vidé, fait le chemin jusqu'à l'Élysée. François Mitterrand y observe, à la loupe, des dizaines de bouts de verre qu'il rapproche d'échantillons de pierre blonde de Montrachet, celles des façades du Louvre.

Lorsque le nouveau ministre des Finances de la cohabitation, Édouard Balladur, réinvestit l'aile Richelieu, Anne Pingeot est furieuse que le Président l'ait laissé faire. Lui assure que c'est de bonne diplomatie : la droite cultivée verra ainsi que son chouchou fait passer ses privilèges avant tout. Le 29 mars 1989, la pyramide est inaugurée. Du moins officiellement. Anne, elle, l'a admirée quelques jours plus tôt, avec le Président et Pei, lors d'une cérémonie privée qui lui était strictement réservée. Elle étincelle sous les yeux d'un prestigieux aréopage, reflétant les lumières variées du ciel pommelé et des pièces d'eau alentour. Elle est *« d'humeur changeante, l'humeur de Paris*», dit l'architecte sino-américain. Taillée de soixante-dix triangles et de six cents losanges couleur eau, sertie d'une fine résille de câbles et de barres, elle ressemble à une pierre précieuse. Un diamant, posé *ad æternam* au cœur de Paris.

Restent les finitions. Qu'installer sur la pointe du belvédère, sous la pyramide ? demande Pei. Plusieurs projets sont évoqués. Les conservateurs sont férocement opposés à déplacer *La victoire de Samothrace* : elle trône en haut de son escalier monumental, bâti pour elle, afin qu'à son sommet elle y déploie ses ailes. On songe aussi à une sculpture assyrienne à double tête de taureau empruntée à l'apadâna – la salle du trône – d'un palais de Suse : «*Ah non ! Pas un symbole de la tyrannie orientale*», proteste le sérail. La *Diane chasseresse* du château d'Anet semble trop frêle, bibelot perdu dans ce puits. «*Il aurait fallu Brancusi, mais il est mort*», soupire Pei, rêvant d'un oiseau spécialement conçu pour sa pyramide...

Et puis, un jour, le Président suggère à Biasini : «*Et si on essayait* Le Penseur *de Rodin ? Faites faire un moulage par le musée, je viendrai voir.*» Le rendez-vous est pris un soir après vingt-deux heures. Surprise, François Mitterrand est accompagné d'une petite fille, que le Président ne présente pas davantage que sa mère également à ses côtés. *Le Penseur* est hissé sous le polyèdre. De haut, l'effet est très réussi. Mais quand on descend l'escalier, *Le Penseur* donne la drôle d'impression d'être assis... sur un pot. « *Ça ne va pas du tout, monsieur le Président. Je me souviens d'ailleurs qu'une marque de laxatifs ou de suppositoires a utilisé* Le Penseur *pour ses boîtes d'emballage* », glousse Biasini. Anne Pingeot et François Mitterrand concèdent l'évidence. Vingt ans après, le belvédère, vide, attend toujours.

Anne s'active. Le Louvre est son bijou. Orsay va devenir son royaume. Dès son arrivée à l'Élysée, le nouveau Président a en effet fait savoir à grand bruit qu'il poursuivrait le projet de musée du XIXe siècle lancé par son prédécesseur, Valéry Giscard d'Estaing, dans l'ancienne gare Paris-Orléans bâtie pour l'Exposition universelle de 1900. « *Il n'y a pas d'hésitation à avoir. Une remise en cause de ce projet nous ferait perdre du temps et de l'argent* », confie François Mitterrand à son nouveau ministre de la Culture, Jack Lang. Un musée tout entier dédié au XIXe siècle, sur la rive gauche de la Seine, voilà qui ne peut qu'enchanter la Clermontoise.

La jeune conservatrice a en effet compris l'incroyable avantage qu'offrait la grande nef en fer et la verrière de Victor Laloux. Seule la sculpture, cet art éternel, pourra supporter la lumière et les variations de températures et d'hygrométrie. Les plâtres et les bronzes vont connaître cette chance de s'offrir enfin, les premiers, aux visiteurs, avant même les peintures impressionnistes. « *Les sculptures, c'est ce contre quoi on se cogne en reculant pour mieux voir les peintures* », avait l'habitude de plaisanter leur responsable au Louvre, Jean-René Gaborit. Anne Pingeot sait qu'avec Orsay elle tient sa chance, celle de renverser les titres de noblesse et la perspective.

François Mitterrand s'investit personnellement dans ce deuxième chantier. Financièrement, d'abord. Rose horizon depuis les législatives de 1981, le Parlement vote pour Orsay une nouvelle enveloppe budgétaire. Mais pas seulement. Le Président se fait tout à coup muséographe et historien de l'art. Comme l'écrit elle-même Anne Pingeot dans son livre, *Orsay, la sculpture*, consacré au musée, en 1995 : « *L'enjeu est aussi politique. Georges Pompidou a laissé son nom au Centre Pompidou, Valéry Giscard d'Estaing veut créer un musée du* XIXe *siècle* [...]. *Le crédit de 363 000 000 francs ne doit pas être dépassé. Cette conception est révisée sous la présidence de François Mitterrand, qui augmente près de trois fois les crédits – 1 050 000 000 francs.* » La seule fois, peut-être, où l'on trouve le nom du Président sous la plume de la conservatrice.

L'inauguration a eu lieu en pleine cohabitation, le 1er décembre 1986. Lorsque la délégation présidentielle investit le musée, sa directrice, Françoise Cachin, cède la place à la responsable du département des sculptures. C'est donc Anne Pingeot, cheveux retenus par une fleur, longue jupe blanche et châle rouge autour des épaules, qui joue les guides et fait la visite des lieux. Face à elle, le Président, aussi fier qu'impassible. À côté, Valéry Giscard d'Estaing, qui retrouve là « la fille des Chaudesolle », les amis de ses parents. Dans la cohorte des invités choisis, la veuve du Président Georges Pompidou, le nouveau ministre de la Culture, François Léotard, que François Mitterrand charme avec succès depuis le début de la cohabitation, et le président de l'établissement public du musée d'Orsay depuis 1981, Jacques Rigaud. Jean Glavany n'a pas besoin de tendre l'oreille pour entendre Giscard, Chirac et Léotard murmurer derrière lui : « *C'est elle...* »

La petite assemblée avance vers le fond de la nef.

– *Qu'est-ce que c'est cette tache verte près du Luxembourg ?* demande Chirac en pointant un jardin sur la maquette du Paris du Second Empire qui s'étend à leurs pieds.

Une voix reconnaissable entre mille retentit dans la cohorte des invités.

– *Mais c'est l'Observatoire !*, s'exclame Giscard, l'œil pétillant.

Le visage de Mitterrand se ferme. La fête est gâchée. Le chef de l'État se penche vers un de ses conseillers et lâche, assez fort pour que François Léotard l'entende :

– *Vous avez vu ce que je me traîne derrière moi...*

De ces trois hommes de droite, Léotard est le seul que le Président apprécie. Le nouveau ministre de la Culture soutient tous ses projets – contre Édouard Balladur. Signe d'une rare confiance, François Mitterrand lui parle un jour d'une conservatrice «*chère à son cœur*». «*Vous savez, elle est intéressée par la théologie*, lui glisse-t-il. *Prenez soin d'elle.*»

Anne ignore cette attention. La fière conservatrice ne veut en aucun cas mêler François Mitterrand à sa carrière. Mme Pingeot reçoit avec plaisir, en 1990, le grand prix national de la muséographie pour son exposition «Le corps en morceaux» et son «*action cohérente et rigoureuse en faveur d'un art longtemps méconnu*». Mais elle décline les honneurs plus discrétionnaires, comme la médaille des Arts et des Lettres. François Mitterrand avait souligné d'un point d'exclamation la note où sa conseillère, Laure Adler, lui signifiait ce refus singulier. Un signe de ponctuation comme un haussement d'épaules : «*Décidément, elle ne changera pas...*» Pour beaucoup de ses collègues, elle aurait pu prétendre à la direction d'Orsay. Mais il aurait fallu pour cela se mettre en avant.

«*Ma mère est l'héroïne d'un film que personne ne verra jamais*», écrit Mazarine. Depuis les obsèques de François Mitterrand, Anne Pingeot s'applique à achever la mise à jour du catalogue sommaire des sculptures du «M'O» – son testament avant sa retraite. Le seul entretien jamais accordé, c'est à la revue spécialisée *L'Œil*. Elle refuse toute invitation à la télévision, même pour parler de « son » musée. Tous les matins, elle laisse son vélo sur le parvis devant les sculptures des six continents où serpentent des touristes du monde entier. Sans savoir que c'est elle, cette passante fugitive, qui est allée chercher les statues dans une décharge publique près de Nantes, où elles servaient de cibles à des exercices de tir... Il avait fallu offrir en échange au musée des Beaux-Arts de Nantes *Le Printemps pluvieux* de Sisley, pour les rapporter à Paris.

Dans son bureau, les boîtes à chaussures continuent à s'emplir de fiches consciencieusement rédigées de sa main – listes de dépôts de marbre éparpillés dans toute la France. Anne ne s'en évade que pour se réjouir de la naissance de son petit-fils, ou demander à quelques amis qui ont bien connu François de lui raconter « le Président ». Pas question du moindre commencement de critique, du début d'une rayure sur la statue de François Mitterrand. La conservatrice laisse sans angoisse ses cheveux blanchir et tait ses souvenirs. Le soir, chez elle, près des éditions rares du XIXe encrées du timbre « FM », elle tourne une à une les pages de ses albums photos. Instantanés de bonheur religieusement consignés et soigneusement légendés – le sait-on ? – de l'écriture fine et élégante du Président...

X

Mazarine et Fidel

« SOS amor
SOS amor
SOS amor
Tu m'as conquis j't'adore.»

Alain Bashung, *SOS Amor.*

Se représentera ? Se représentera pas ? En cet hiver 1987, personne, pas même François Mitterrand, ne sait si le Président socialiste est décidé à solliciter un deuxième mandat auprès des Français. La victoire de la droite aux législatives de mars 1986 l'a installé dans le confortable fauteuil du monarque « cohabitant », où il se trouve plutôt à son aise. Il se régale encore du souvenir de ces deux années passées à conspirer avec les journalistes, à séduire les ministres de Jacques Chirac, à toiser ce dernier de son mépris glacial en Conseil des ministres, à refuser de signer les ordonnances sur les privatisations. En vérité, il resignerait bien.

Alors qu'il grimpe avec Anne et Mazarine jusqu'au monastère Sainte-Catherine, à Noël, en plein désert du Sinaï, le septuagénaire médite. Il pourrait marquer l'Histoire en cumulant, le premier, deux septennats. Laisser la France à Raymond Barre, passe encore. À Chirac, pas question – encore moins à Rocard.

Abandonner la préparation du bicentenaire de la Révolution française serait en outre un crève-cœur. «*Avec la droite, on va avoir la honte*», s'amuse-t-il dans un parler «chébran».

Mais il y a d'autres raisons, plus intimes, laissées dans l'ombre. En cette fin 1987, François Mitterrand est en pleine forme et croit sa maladie en voie de rémission; reste que l'exercice du pouvoir demeure le meilleur moyen de conjurer la mort. Le quai Branly lui assure une tranquillité familiale inespérée. Il veut profiter de ses dernières années pour voir grandir sa fille, et de l'Élysée pour lui faire découvrir le monde et parfaire son éducation.

Mazarine, justement, commence à s'intéresser à la politique. C'est l'époque où François Mitterrand demande à la savante et discrète Marianne Delmaire, la mémoire de la rue de Solférino, d'enseigner à sa fille les rudiments de l'histoire du PS «*depuis Épinay*». La collégienne de treize ans écoute avec attention. Son père est président de la République, elle aimerait voir de ses yeux le peuple de gauche l'acclamer : «*Tonton, tiens bon!*» Il lui manquait une ultime raison pour se représenter ? La voilà. C'est décidé, il y va.

Mazarine éprouve encore l'admiration sans bémol des petites filles pour leur père. La campagne l'enthousiasme. Malgré l'école, elle veut suivre les meetings du chef de file du PS, poser des affiches et des autocollants. Toujours discret, François Mitterrand charge Jean Glavany, son chef de cabinet, de régler les déplacements d'« *un groupe de jeunes amis* ». Charles Salzmann, lui, est recruté pour jouer les GO.

Le 22 avril, lors d'un meeting au Bourget, trente mille personnes sont venues entendre le discours d'« ouverture » du Président-candidat : « *Je suis socialiste* [...], *mais sans refuser qui que ce soit, sans refuser qui choisirait, comme moi, la voie de l'Europe.* » La foule hurle, en délire. Dans les tout premiers rangs, debout sur sa chaise, Mazarine trépigne. À la fin du meeting, François Mitterrand remonte l'allée centrale entouré de son équipe quand il entend une voix familière :

– *Papa !*

– *Ah, tu es là, toi...*

Le Président embrasse sa fille.

– *Alors, comment tu as trouvé ?*

– *C'était génial, tu vas gagner !*

– *Bon, à tout à l'heure, hein.*

Incroyable aparté, tenu sous l'œil des militants en liesse, et dont le sens échappe à la France entière.

Après le premier tour, où François Mitterrand a mis André Lajoinie K-O et contemplé satisfait les effets de sa patiente stratégie d'étouffement des communistes, la petite troupe se retrouve ainsi à Toulouse, le 6 mai. Une fois encore, Mazarine est présente. «*Les candidatures à la présidence de la République* [...], explique-t-il à l'assistance, un peu étonnée par ce soudain glissement vers les confidences, *tout cela n'a qu'un temps. Il y a d'abord la vie, et d'abord la mienne.*» Dans l'avion qui les ramène à Paris, Lionel Jospin se penche vers Glavany :

– *Qui est cette jeune fille au fond de l'avion ?*

– *S'il te plaît, comprends.*

La phrase sonne comme un demi-aveu.

Deux jours plus tard, Mazarine se noie dans la foule des militants et des hiérarques socialistes venus fêter la belle victoire – 54 % – du candidat à la Maison de l'Amérique latine. Discrètement, elle embrasse son père. Le second septennat commence. Il ne sera pas le plus facile. Celui qu'on commence à surnommer «Dieu» l'inaugure en choisissant de conserver pour toutes les mairies de France son portrait officiel de 1981, comme s'il était inaccessible aux flétrissures du temps. Le 22 mai, il pose avec Danielle pour la couverture de *Paris Match*. Mazarine, elle, porte – caché sous son pull – le teeshirt «Génération Mitterrand», le slogan inventé par le bouillonnant Julien Dray.

Génération Mitterrand. Ces enfants qui ont vu leurs parents sabler le champagne en 1981. Elle en est, elle l'incarne. Ceux qui ont dix-huit ans viennent de reconduire « Tonton » au pouvoir. Mazarine, elle, dont les joues encore rondes rappellent celles des « bébés Mitterrand » stylisés choisis par Pilhan et Séguéla pour les affiches de campagne, n'a pu qu'applaudir bruyamment les envolées lyriques du candidat. Sans qu'on le sache, elle va jouer les muses. Pour son père, elle devient une référence précieuse – presque un échantillon représentatif à elle seule de celle qu'on appelle la « génération morale ». Tous les soirs, le chef de l'État la questionne avec attention quai Branly. « *Alors, tu m'as trouvé comment ?* » Il s'enquiert de ses goûts, écoute ses révoltes, interroge ses enthousiasmes et ses indignations.

« La petite classe » fréquente maintenant les bancs du prestigieux lycée Henri-IV. Un jour de 1985, la secrétaire du proviseur Raoul Durand a reçu un coup de téléphone inattendu : « *C'est pour une entrée en sixième. On vous attend à l'Élysée lundi matin.* » Pour éviter la multiplication des lycées-ghettos, la gauche recommande aux parents d'inscrire leurs enfants dans l'établissement de leur quartier et non plus de leur choix. Mais pour sa fille, François Mitterrand est prêt à une entorse à ces jolis principes égalitaires et républicains. Mazarine mérite le meilleur. « H-IV » elle aura. Raoul Durand a pris l'habitude de ces petits appels courtoisement insistants de proches du pouvoir. Cette fois-ci, le dossier scolaire est excellent. Le proviseur accepte Mazarine et son amie Virginie, avertissant seulement la salle des profs qu'une élève un peu particulière les attend.

« Particulière », mais bien de son temps. Dans la cour du lycée, Mazarine arbore comme ses amis la petite main jaune de SOS Racisme, l'association tout juste créée par Julien Dray et Harlem Désir, portée sur les fonts baptismaux, le 15 juin 1985, lors d'un grand concert parisien. Alain Bashung est venu chanter place de la Concorde sa chanson étendard : *Touche pas à mon pote*. La fille du Président porte sur sa poitrine le signe de ralliement de cette génération née à la politique avec la marche des Beurs, les manifs contre le projet de loi d'Alain Devaquet, et surtout la mort du jeune Malik Oussékine, tué par les coups de matraque des voltigeurs volants de Charles Pasqua le 6 décembre 1986, sous un porche de la rue Monsieur-le-Prince.

Mazarine est encore trop jeune pour descendre dans la rue. Mais bien assez grande pour se scandaliser – « *Pas-qua, sa-laud !* » – des bavures policières et applaudir avec ses amis de sixième Coluche, venu porter la bonne parole de SOS dans la cour de son lycée de la montagne Sainte-Geneviève. Alors au sommet de sa notoriété, la petite main jaune est partout : sur les sacs US des élèves, en couverture du *Nouvel Observateur*, sur la célèbre chemise blanche de BHL, sur le tee-shirt de Guy Bedos ou le corsage de Simone Signoret, et même au treize heures de TF1, sur le revers du veston d'Yves Mourousi.

Au départ œcuménique, SOS s'est muée en cette fin des années 1980 en véritable machine de guerre contre la droite « dure », pour le plus grand plaisir du PS. Manifs contre le nouveau code de la nationalité, concerts, « Juju » et ses « potes » taquinent – gentiment – le gouvernement. En 1990, la FIDL, le syndicat lycéen créé trois ans plus tôt par l'association antiraciste, contrôle les manifestations qui, en banlieue et à Paris, réclament plus de profs et de pions. Trois cent mille jeunes défilent le 12 novembre de la Bastille aux Invalides. Le mouvement, loin de s'éteindre lors des vacances de la Toussaint, prend de court le gouvernement Rocard. À Paris, Henri-IV se trouve en tête des défilés.

Depuis son bureau de l'Élysée, François Mitterrand couve d'un regard paternel les manifestants qui conspuent ses ministres. « *Une société qui n'écouterait pas sa jeunesse et qui ne lui préparerait pas sa place préparerait mal son avenir* », prévient-il dès le début du conflit. Lorsque Fodé Sylla, patron de SOS, se rend, quelques années plus tard rue du Faubourg-Saint-Honoré en compagnie de Delphine Batho, sa vice-présidente, le chef de l'État laissera entendre d'un geste que les présentations sont inutiles. La jeune militante, qui n'a qu'un an de plus que Mazarine, est aussi chef de la contestation à Henri-IV. Il aura sans doute entendu parler d'elle, le soir, à la maison...

Le Président grille ensuite la politesse à Michel Rocard et à son ministre de l'Éducation, Lionel Jospin, en recevant lui-même les douze délégués des coordinations lycéennes. Ces derniers ne sont pas déçus de la visite. Dans la valise de promesses présidentielles, «*plusieurs milliards de francs de crédits*». Beaucoup s'étonnent, y compris chez les ministres et dans les rangs socialistes, de tant de prodigalité.

Rue de la Folie-Méricourt, au QG de SOS, la file d'attente n'en finit plus de s'allonger. Mazarine elle aussi veut des tee-shirts et des badges. Les plus beaux, les plus rares, comme le rouge, le noir, le rose, celui à paillettes et surtout celui en suédois. Les militants s'étonnent de voir débarquer régulièrement un bataillon de gendarmes de l'Élysée, pour le «ravitaillement» en petites mains. Julien Dray et Harlem Désir s'interrogent aussi sur l'attention particulière que le Président porte à la sécurité des concerts. Ce n'est que bien plus tard, en 1998, au traditionnel «dîner des parrains», lorsqu'elle deviendra elle-même marraine de l'association, que Mazarine racontera ses débuts de militante. Une fan clandestine, mais convaincante : l'adolescente avait même fait porter le badge branché à sa mère... à défaut de parvenir à infléchir son père.

Mitterrand court après sa fille, au risque de voir la presse se moquer de son jeunisme. «*Tu vas aux Francofolies ? Tu m'y verras peut-être*», lui dit-il. Mazarine se rend au printemps de Bourges ? «*J'y serai*», renchérit son père. Le 20 avril 1987, il s'y pose en hélicoptère, accueilli par Gainsbourg clope au bec. Il se laisse interviewer par Catherine Ringer, la chanteuse des Rita Mitsouko, avant d'assister, légèrement emprunté, au concert de Bernard Lavilliers qui, en juillet 1989, santiags et boucle d'oreille argentée, viendra aussi chanter *Noir et Blanc* dans la cour de l'Élysée. Un père présent à ses premiers concerts de rock, n'est-ce pas le cauchemar de toute adolescente ?

Mazarine n'en délaisse pas pour autant ses études. C'est une bûcheuse, comme sa mère. Une littéraire, comme son père. «*Elle est très Mitterrand, la petite Pingeot*», sourit-on autour d'elle. Si la jeune fille a pris goût à la littérature, c'est beaucoup grâce à lui. Le Président lui conseille les auteurs de sa jeunesse, Eugène Fromentin, Barbey d'Aurevilly, Roger Martin du Gard. À Gordes, à Souzy, à l'Alma, il est le seul à relire et à commenter ses dissertations, à découvrir les poèmes et les petites nouvelles rédigés d'une main encore maladroite par l'adolescente. Ses résultats, notamment en philosophie, font sa grande fierté.

Au-delà de la lourde porte verte de son lycée, les choses commencent à se compliquer un peu.

Mazarine doit conjuguer les tourments de l'adolescence avec une équation à plusieurs inconnues qui semble difficile à résoudre. Comment se trouver soi-même quand, dans l'état civil, on n'existe qu'à moitié ? Comment affirmer sa différence quand au fond on rêve d'être comme les autres ? Comment se mesurer à un père lorsqu'il est le premier des Français, vous étouffe d'amour, et pourtant vous cache comme une faute ?

L'adolescente se devine jolie mais se trouve trop enrobée, habillée comme une «*plouc*», écrit-elle, par une mère indifférente à la mode. Comme beaucoup d'enfants uniques, Mazarine s'est construit un petit cercle d'amis qu'elle ne quitte jamais. Il y a Ali, son petit copain, fils d'un diplomate marocain, rencontré en hypokhâgne; Dominique Fargues, qui la remplacera, beaucoup plus tard, durant sa grossesse, sur le plateau de « Ça balance à Paris », l'émission de Michel Field. Elle se met à fumer, à goûter les plaisirs du vin et du champagne, se pique de théâtre. Et parle, parle, parle... De Kant, de musique – elle adore les « Béru » (les Bérurier Noir) et Madonna –, de littérature, d'art, de politique... Sa période « je sais tout » dure, de son propre aveu, assez longtemps. Frustration, impatience, gêne d'être protégée, colère d'être surveillée, tout cela se bouscule pour dessiner une jeune fille à la fois timide et spontanée, immature et grave, privilégiée et malheureuse.

«*Je n'avais ma place nulle part, et donc j'étais mal partout.*» Pour être, Mazarine veut «*disparaître*», maîtriser par la force ce corps ni lourd ni maigre, qu'elle refuse de voir grandir. C'est l'époque où la jeune fille s'habille de noir et s'éclipse lors des déjeuners de famille, préludes à d'interminables après-midi d'ennui, à Souzy. «*Tu me trouves grosse?*» demande-t-elle parfois à son père. Le Président la fait tourner sur elle-même, expert : «*Bien sûr que non.*» Lentement, la jeune fille se laisse glisser dans le piège de l'anorexie, où elle s'enferme durant un an et demi. Claude Gubler, le médecin personnel du Président, qui l'avait connue petite et gourmande, la retrouve blanche, presque translucide. «*Manger, manger, on ne fait donc que cela, à l'Élysée?*» demande l'adolescente.

Mazarine, Marie, Louise, celle que son père évoque devant les autres de manière toujours indirecte – elle est «*une nièce*», «*des jeunes amis*», jamais «*ma fille*» – se cherche aussi sur le divan. «*Je crois que je suis une cliente parfaite!*» confiera-t-elle au mensuel *Psychologies*, qui lui consacre sa couverture en 2003. Elle poursuit : «*C'est drôle, parce que mes parents étaient tous les deux très réfractaires à l'analyse. Ils ne croyaient qu'à la maîtrise de soi, à la volonté.*» Si, durant onze ans, de 1982 à 1993, François Mitterrand a fait du psychanalyste Ali Magoudi l'un des confidents de son septennat, ce n'est que pour ce qu'il appelait une «*autoanalyse*».

Mais Mazarine est aussi à l'époque une parfaite, une impossible, une terrible enfant gâtée. Elle se lève de table en plein repas, râle, coupe la parole. Sur les films tournés en caméscope de son oncle François Pingeot, elle fait souvent «*la gueule*», comme elle écrit. «*Elle est très mal élevée*», note André Rousselet. Comme souvent à cet âge, c'est à ses parents que Mazarine réserve ses plus longues bouderies et ses plus grosses colères. François Mitterrand et Anne Pingeot essuient l'orage, impuissants. À sa mère, la jeune fille, qui a grandi, reproche son destin de maîtresse résignée. Comment peut-on vivre autant dans les marbres et les statues et aussi peu dans le monde ?

«*L'art de* [son] *père de ne jamais rendre de comptes*» agace aussi Mazarine. «*Je fais ce que je veux*», «*J'en ai marre, tu m'emmerdes !*» Elle est la seule à oser ce ton et ces mots avec le chef de l'État. Les gendarmes l'entendent marmonner : «*Elle est intraitable. Qu'est-ce que je peux y faire ?*» Un jour que son ami Roland Dumas lui confie ses soucis avec sa fille, François Mitterrand soupire en connivence : «*Nous avons voulu des filles, nous les avons, hein !*» Le soir de son anniversaire, Mazarine s'enivre à la vodka sous ses yeux, rue de la Contrescarpe. Le Président sourit encore. Elle est si «*jolie*», si «*belle*»... Il a d'ailleurs commandé il y a quelques années son portrait, puis son buste à un sculpteur tchèque. Et, pour ses dix-huit ans – l'événement ! –, un grand portrait d'elle, déjà femme, encore enfant. Il continue : « *Elle est si douée en littérature...* » « *Arrête, on ne va pas dire le contraire si c'est toi qui le dis* », cingle Mazarine en retour.

À l'âge où l'on en rêve le plus, elle n'a pas droit à la liberté. Les appels incessants et inquiets de son père lorsqu'elle s'attarde chez ses amis l'énervent. La surveillance constante des gardes du corps l'insupporte. Elle exige de ne plus être suivie, soutenue sur ce point par sa mère. Au premier étage du quai Branly, des réunions « parents-gendarmes » sont improvisées. Anne Pingeot plaide pour sa fille; François Mitterrand, en père trop protecteur, rechigne. Le Président finit par accepter un peu de souplesse. Un peu. « *Tâchez seulement d'être invisibles* », confie-t-il en aparté aux « garçons ».

Mitterrand le secret consent à un début de franchise comme voie de catharsis. Un jour qu'ils roulent en voiture sur le boulevard Saint-Germain, près de l'Institut du monde arabe, Mazarine pointe le doigt vers la rue de Bièvre et lance, comme un défi : « *Ça, c'est la maison où je ne vais jamais !* » Le lendemain, lorsque l'adolescente quitte son lycée de la rue Clovis, François Mitterrand est là qui l'attend, dans sa voiture conduite par Pierre Tourlier. Le chauffeur mène père et fille rue de Bièvre pour une visite guidée du foyer interdit, déserté cette semaine-là par Danielle, en voyage.

Parfois, Mazarine refuse tout simplement de le voir. Ces jours-là, le père se sent vieux et se désespère. À dix-sept ans, elle quitte ses parents et le quai Branly pour retourner rue Jacob, dans un studio. À la veille de son bac, la voilà indépendante, au moins géographiquement. Il souhaite l'inviter à dîner, mais pas n'importe où. Le Président a découvert que sa nouvelle conseillère culturelle à l'Élysée, Laure Adler, dont la mère est conseillère municipale à Chamalières, a grandi à Clermont-Ferrand. Il a compris que la journaliste connaissait les Pingeot, et donc l'histoire d'Anne. Une amitié complice s'est depuis installée entre le Président et la future directrice de France Culture.

– *Dites-moi, je voudrais inviter ma fille ce soir au restaurant. Je ne vous cache pas que nous sommes un peu en froid en ce moment. Il me faudrait un endroit branché mais pas branchouille. Vous n'auriez pas une idée ?*

Ce que Mazarine veut, Mazarine l'obtient. Pour mieux combler ses désirs, François Mitterrand sait même les devancer. Un jour de 1992, Jean Glavany reçoit un appel du Président :

– *Pourriez-vous obtenir quelques billets pour le concours d'équitation des Jeux olympiques de Barcelone ? J'ai quelques jeunes amis qui souhaiteraient assister aux épreuves...*

– *Très bien, monsieur le Président*, répond le ministre de l'Éducation nationale, pas dupe. *Je vais arranger ça...*

L'adolescente souhaite organiser un réveillon, en 1993 ? Pierre Tourlier déniche, boulevard Saint-Michel, au-dessus du Luxembourg, le lieu idéal pour sa fête. Mazarine devient fan de Renaud et de son *Tonton, laisse pas béton* ? Son père invite le meilleur de la « gauche paillettes » dans la salle du sous-sol du Ritz ou au Crillon pour des déjeuners qui se font rituels : Patrick Bruel, Jane Birkin ou Julien Clerc, dont elle assiste à la dernière à l'Olympia, honoreront ainsi, parfois à plusieurs reprises, la table présidentielle. Avec son père, elle a aussi serré la main de Barbara dans sa loge du Châtelet.

Après les stars, Mazarine veut rencontrer une autre de ses idoles : Fidel Castro, le Président cubain. Depuis longtemps, le *lider maximo* relève déjà plus du despote stalinien fatigué que du héros romantique de la révolution. Mais la bachelière y tient. C'est l'époque où elle porte veste de camouflage et tee-shirts guevaristes. Alors qu'elle court sur ses vingt ans, elle demande à Michel Charasse – devenu pour elle une sorte d'oncle protecteur :

– *S'il te plaît, emmène-moi à Cuba...*

Le sénateur du Puy-de-Dôme n'est pas contre, mais demande la permission au Président.

– *C'est une bonne idée*, répond celui-ci, pourtant bien moins sensible au charisme du *lider maximo* que son épouse, Danielle.

Le sénateur s'envole donc pour La Havane en compagnie de Mazarine, deux amis de celle-ci, et d'un administrateur du Sénat. Dans l'île, un dîner est organisé avec Castro chez l'ambassadeur de France, Jean-Raphaël Dufour – ce diplomate qui, en 1991, en Haïti, a sauvé la vie du Président Aristide. Charasse se penche à l'oreille de Fidel : la jeune invitée n'est pas une touriste ordinaire, murmure-t-il. L'accueil est chaleureux. Des liens se nouent. Quand, en mars 1995, le chef de la révolution cubaine est reçu pour la première fois officiellement à Paris par François Mitterrand, c'est au tour de Mazarine de venir lui rendre visite à l'hôtel Marigny, la résidence réservée aux hôtes de marque étrangers.

C'est l'époque où Mazarine veut voir du pays. Elle demande à son prof d'équitation, Alexandre Gros, de lui réserver des billets de charter ou de lui trouver une maison de vacances à Hammamet, en Tunisie. Son père s'est pris d'amitié pour Ali, le petit ami de sa fille. Il aime discuter avec lui de l'islam ou de politique étrangère. Dans des débats passionnés, les deux amoureux reprochent au Président sa trop grande clémence à l'égard d'Israël. Ce dernier leur rappelle gentiment qu'il a « sauvé » à deux reprises Arafat et leur signale qu'il a été le premier responsable politique occidental à recevoir le leader palestinien en chef d'État.

En 1994, Mazarine improvise avec Ali un voyage au Mexique à l'écart de ses parents. Elle a fêté avec eux son admission à l'École normale supérieure de Fontenay-aux-Roses, lors d'un déjeuner arrosé, à la veille du 14 Juillet. François Mitterrand, qui a toujours regretté de ne pas s'être assis sur les bancs de la prestigieuse école comme Sartre et Nizan, mais aussi Georges Pompidou et surtout Léon Blum, est fou de joie. Ce diplôme, ce sera son dernier cadeau. Il ne connaîtra en effet ni l'agrégation de philo de sa fille, ni Ascot, son petit-fils, né le 11 juillet 2005.

Mazarine choisit de s'envoler pour Mexico le matin de la fête nationale, avant le rituel entretien télévisé de la mi-journée du président Mitterrand. L'insouciante pense à tout. Sauf à l'essentiel : ses papiers, son passeport, périmé. «*Le visa fut établi en quarante-huit heures*», écrit-elle dans son troisième livre, *Ils m'ont dit qui j'étais*. Elle oublie de préciser que c'est grâce à Michel Charasse, appelé à la rescousse quelques jours avant le départ, qui arrange une nouvelle fois le coup. Sans nouvelles de sa fille, Mitterrand panique. Mazarine finit par téléphoner. «*Je te laisse quand même les garçons, au cas où tu en aurais besoin*», lâche son père, soulagé.

Envie de fuir... Mazarine ne sait pas que son père doit être opéré dans quelques jours de la prostate, mais l'obsession de la mort qui hante François Mitterrand lui pèse terriblement. Elle habite toutes ses conversations, et chaque jour davantage. Avec Ali, que le Président emmène avec lui – sans Mazarine – en voyage officiel en Afrique du Sud, il évoque la manière dont les Marocains vivent le deuil. Il s'entretient avec une psychologue spécialiste de soins palliatifs, Marie de Hennezel, dont il préface le livre, *La Mort intime*, et s'épanche en de longues conversations chez le philosophe catholique Jean Guitton.

– *Si Dieu pouvait S'imaginer que je viens ici par peur des flammes et des fourches, je Le planterais là et m'en irais tout de suite*, le prévient François Mitterrand. *Mais s'Il existe, Il me connaît. Il sait que je n'ai pas peur du châtiment éternel.*

– *Alors de quoi avez-vous peur, monsieur le Président ?*

– *De l'avoir mérité.*

Mazarine ne peut plus supporter ces conversations mortifères. Petite, déjà, son père ne voulait pas qu'on lui bague les dents du haut... parce qu'il n'imaginait pas mourir avec l'image de sa fille portant un appareil. À chaque opération, à chaque grand voyage, il rédige un petit testament olographe qu'il confie, dans son enveloppe, à plusieurs de ses proches. Déprimant, pour une adolescente.

Au seuil de la mort vient l'ultime requête paternelle. «*Pourquoi tu ne prendrais pas mon nom?*» François Mitterrand y songe depuis un moment. Il aime cette allitération d'initiales – «M. M.» –, un redoublement «*porte-bonheur*», lui avait expliqué un jour Roland Dumas. Mais Mazarine ne veut pas. C'est trop tard, ou trop tôt. Sa famille, ce sont les Pingeot. Sa meilleure amie, sa cousine, avec laquelle elle a passé toutes ses vacances à Clermont-Ferrand et à Hossegor. Et puis, dire non à son père, c'est aussi, comme elle l'écrit, une «*petite vengeance*».

XI

Et pendant ce temps-là, Danielle

« Un mari ne doit jamais se permettre une seule parole hostile contre sa femme, en présence d'un tiers. »

Balzac, *Physiologie du mariage.*

Roland Dumas sort du bureau du président de la République en reculant. Une fois de plus, François Mitterrand vient de lui confier une de ces missions ingrates, où il va lui falloir déployer tout son art de la diplomatie. Nous sommes en mai 1984. François Mitterrand vient de découvrir, dans un silence accablé, sous les yeux de son ami, l'intégralité du délirant pamphlet de Jean-Edern Hallier. Il sait que le manuscrit « interdit », qui déballe sans pudeur sa deuxième vie, commence à circuler dans les rédactions parisiennes. La dernière page tournée, François Mitterrand porte la main à son front : « *Qu'est-ce que ça va être encore... ?* soupire-t-il, dans un rare moment d'abandon. *Il faut que vous en parliez à Danielle.* » Il saisit alors son téléphone pour joindre sa femme, qui se trouve à quelques mètres de là, dans les appartements privés de l'Élysée : «*Danielle, Roland m'apporte un document. Il faut que tu le voies.*»

Deux couloirs, trois portes. Roland Dumas compte ses pas. Il embrasse la femme du Président, et se lance :

– *Il faut que je te parle...*

En cherchant ses mots, l'ancien avocat raconte le terrible libelle, le chantage de son auteur, ses embarrassantes révélations. Après mille détours, il évoque pour la première fois devant la femme de son ami de trente ans l'existence de Mazarine. Brusquement, Danielle Mitterrand le coupe, levant les yeux au ciel :

– *Mais tu sais, ça ne m'apprend rien. Je sais tout depuis le début !*

Ainsi, Danielle sait. Depuis le début, et plus précisément ce jour d'hiver 1974 où une «bonne amie», comme elle dit, a pris l'initiative de prévenir Christine, sa sœur, qu'une petite fille était née. Malgré les ménagements de cette aînée de dix ans qui la couve et la dorlote comme une «poupée», Danielle Mitterrand a compris. Elle a deviné que la femme qui occupait tant de place dans la vie de son mari est la seconde fille des Pingeot, ses anciens voisins d'Hossegor. Jusqu'au bout, pourtant, l'épouse du Président va se taire. «*Il savait que je savais. Nous n'en avons jamais parlé.*» Seule la mort de François Mitterrand l'autorisera à rompre ce vœu du silence qu'elle s'est imposé. «*La naissance de Mazarine n'a été ni une découverte, ni un drame pour moi. Je l'ai assumée*», assure-t-elle dans ses mémoires, *En toutes libertés*, parus en 1996.

Lorsque Mazarine vient au monde, François et Danielle Mitterrand sont installés depuis plusieurs années dans l'un de ces tableaux bourgeois faussement ordonnés chers au Chabrol de *La Femme infidèle*. François vagabonde – beaucoup – entre ses deux ports d'attache : la rue de Bièvre et la rue Jacob. Danielle, elle, est très proche de Jean, un jeune professeur d'éducation physique d'origine corse exerçant dans un lycée parisien, l'un des nombreux établissements fréquentés par le turbulent Jean-Christophe. Au début, les intimes – parfois même certains journalistes – invités à passer chez les Mitterrand pour une tasse de thé ou un bavardage politique, s'étonnent de voir cet homme brun, charpenté et amène, leur ouvrir la porte. Sans poser une question, ils finissent par comprendre que «Jean», accompagnateur du leader socialiste dans certains meetings, fait aussi partie du paysage familial.

Les Mitterrand ne se cachent pas. Si on croise le professeur d'éducation physique si souvent rue Guynemer, c'est tout simplement qu'il vit là la plupart du temps, aux côtés du couple, des enfants, et de Renée Gouze, la mère de Danielle, qui s'installe avec sa fille après la mort de son mari. Étrange ménage d'adultes qui reçoit en toute aisance à dîner, joue à la belote et se retrouve en vacances dans les Landes ! Dans son livre de souvenirs, *Mémoire meurtrie*, Jean-Christophe Mitterrand évoque lui-même cet «*ami*» de sa mère, ce «*larron*» bien plus sportif que son père et disponible, lui, pour les congés scolaires, «*de Noël à Pâques*» : «*Ma mère ne venait jamais me voir en pension*, écrit l'aîné des fils Mitterrand. *Peut-être supposait-elle que passer toutes mes vacances avec elle, mon frère, Gilbert, et Jean, un ami, suffisait à mon bonheur.*»

L'hiver, à bord de sa Dauphine Gordini, le moniteur de ski emmène Danielle et les enfants skier à Courchevel, Cervinia, ou Saas Fee, en Suisse. L'été, il les suit à Hossegor puis à Latche. Les enfants, parfois, s'interrogent. Mais le très prévenant Jean sait se faire apprécier de tous, y compris de François. Il change les ampoules de la maison, remplit les bouteilles de whisky lorsqu'elles sont vides, lave la voiture et va chercher le député à la gare. Le soir, il emmène Danielle danser, pendant que François s'échappe ou reste lire sous la pergola. Un soir d'élection, le prof de gym improvise même à l'hôtel du Vieux-Morvan un petit topo politique devant Michel Rocard, ignorant visiblement les qualités de son interlocuteur.

Pour Danielle, et quoi qu'elle en dise, l'annonce de la naissance de Mazarine est un choc terrible.

Comme souvent, l'épouse soigne sa plaie en se murant dans le silence, livrant ses indignations à sa sœur, Christine, et à ce cahier d'écolière qui ne la quitte jamais. Devant son mari, ses enfants, ses amis, jamais elle n'évoque cette « autre famille », cramponnée à son blason d'épouse et à tout ce qui l'unit à « François » : le feu de la guerre, la fièvre de la Résistance et de la clandestinité, le combat politique, la famille, et puis ces deux maisons, leur foyer : la bergerie de Latche et la belle demeure à porte cochère de la rue de Bièvre – « *notre rue de Bièvre* » –, un hôtel particulier vite acheté en 1971 avant qu'un projet de destruction visant tout ce petit îlot du Ve arrondissement ne l'épargne. Aux « amies » qui la pressent, elle tourne le dos, accrochée à sa formule : « *C'est l'affaire de François.* » Ou encore : « *François m'a toujours considérée comme sa femme.* »

À l'époque où ils se rencontrent, tout se vit dans la hâte, et surtout les choses de l'amour. On se retrouve au bal entre deux rafles, on se fiance par lettres, on se marie sans vraiment se connaître, dans le tumulte et l'euphorie de la Libération. François Mitterrand et Danielle Gouze unissent leurs destins le 28 octobre 1944, à Paris. C'est Christine qui a joué les bonnes fées dans cette union inattendue. Il est ambitieux, issu d'un milieu conservateur et calotin. Elle est une enfant de la gauche SFIO, résolument laïcarde. Antoine, le père de Danielle, est principal de collège à Villefranche-sur-Saône, franc-maçon et résistant de la première heure. Pour avoir refusé de livrer les enfants et les professeurs juifs de son établissement, il a été remercié par le régime de Vichy.

L'histoire est connue, mais délicieusement romanesque. Une après-midi de février 1944, à Paris, rue Campagne-Première, dans le studio de Christine Gouze qui sert de boîte aux lettres au petit groupe de résistants du « capitaine Morland », François s'arrête devant le portrait d'une toute jeune fille, posée dans un cadre argenté sur un piano. Il détaille cette jolie brune aux cheveux mi-longs, au regard de chat surligné d'un sourcil fier, qui semble l'observer dans le halo d'un demi-sourire. L'éclairage hollywoodien des studios Harcourt – c'est Christine qui a offert la séance photo à Danielle pour son dix-huitième anniversaire – donne à celle-ci un petit air de Gene Tierney, l'héroïne du *Ciel peut attendre*.

– *Qui est-ce*, demande François Mitterrand à Christine.

– *Ma sœur*, répond fièrement la jeune résistante.

– *Elle est ravissante. Je l'épouse.*

Christine est alors très éprise du séduisant Pelat – le « colonel Patrice » – mais elle imagine bien ce fascinant Morland en beau-frère. « *Je t'ai trouvé un fiancé* », écrit Christine à sa cadette en la sommant de la rejoindre à Paris pour les vacances de Pâques. Danielle finit par se laisser convaincre de dîner avec l'énigmatique « Morland » chez Beulemans, un bistrot du boulevard Saint-Germain. Le soir venu, la petite provinciale parfumée à l'eau de rose arrive avec ses socquettes blanches, qu'elle a refusé de troquer pour une paire de bas, malgré l'insistance de sa sœur. Danielle attendait un garçon, elle découvre un homme au visage barré d'une fine moustache, un clandestin coiffé d'un chapeau mou, drapé d'un long imperméable mastic : « *Un type en face duquel on n'aimerait pas se trouver seule au coin du bois.* » L'assurance du jeune homme la trouble, ses questions taquines la font rougir. En vérité, ce « Morland » ne lui plaît guère.

Mais plus Danielle se bute, plus Mitterrand s'obstine. Trois mois plus tard, il profite du mariage de Jean Finifter, un ancien compagnon de stalag, pour se rendre à Cluny, fief de sa future belle-famille. L'accueil est chaleureux. Antoine Gouze est impressionné par la culture et la détermination du jeune Charentais. Renée, la mère de Danielle, se laisse charmer par ses manières et son éloquence – jusqu'au bout, gendre et belle-mère garderont une grande affection l'un pour l'autre. Quant à Mitterrand – l'ancien fonctionnaire de Vichy qui a servi le maréchal Pétain de janvier 1942 à l'automne 1943 avant de rejoindre Londres et la clandestinité –, il se plaît au sein de cette famille de résistants de la première heure qui n'a jamais hésité.

Cette fois, Danielle est conquise. Le temps pour elle de passer les dernières épreuves du bachot et le mariage est célébré, à l'église Saint-Séverin. Danielle n'a pas encore vingt ans, François en a vingt-huit. Les noces ont le parfum de la victoire et de la jeunesse. Il y a là Henri Frenay et Roger-Patrice Pelat, témoins du marié, mais aussi les anciens de la pension des frères maristes au 104, rue de Vaugirard : François Dalle, futur P-DG de L'Oréal, et André Bettencourt, futur ministre gaulliste. Avec sa robe de soie blanche – dessinée par Mme Bideau, la couturière de Christine –, son long voile de tulle blanc, son petit bouquet d'edelweiss, Danielle est ravissante.

Le marié n'est pas vilain non plus, costume impeccable et cheveux gominés à la Rudolph Valentino. Mais comme l'époque, il est pressé. Le gâteau n'est pas entamé que déjà il s'agite, demande l'heure à sa voisine et murmure à l'oreille de sa jeune épouse :

– *Il faut que je parte, je suis attendu par les responsables du Mouvement des prisonniers, réunis à l'Élysée-Matignon.*

– *Un rendez-vous aujourd'hui ? Le jour du... ? Je vais avec vous.*

Et leur soirée de noces de se terminer dans une salle enfumée, pleine d'inconnus, avec une Danielle toute triste dans sa robe blanche.

Des rendez-vous comme celui-là, il y en a beaucoup, dans la vie du jeune ménage Mitterrand. Peu préparée à la vie à deux, comme tant de jeunes gens issus de cette génération, Danielle découvre qu'elle doit partager ses jours avec un « courant d'air ». Un rêve s'effondre. L'enfant choyée, infirmière de fortune du maquis bourguignon, à l'été 1944, se retrouve épouse au foyer, le plus souvent esseulée, dans le XVIe arrondissement, puis rue Guynemer. François a toujours une bonne raison pour rentrer tard : un rendez-vous, un congrès, ou une réunion à la direction de *Votre Beauté*, l'un des magazines du groupe de presse d'Eugène Schueller – ancien financier de la Cagoule et fondateur de L'Oréal – où l'avocat s'ennuie en attendant de rencontrer son destin. C'est bien simple, Danielle ne sait jamais où il se trouve. Ou le devine trop bien.

Meurtrie par la perte d'un premier enfant, en septembre 1945, mort en quelques heures à Cluny à cause d'un mauvais lait tourné, Danielle a le sentiment de se retrouver seule avec son chagrin. Elle voudrait entreprendre quelque chose, se rendre utile à son mari, parachuté avec succès dans la Nièvre, dont il devient le député, en 1946. Pourquoi ne pas devenir sa collaboratrice ? Après tout, elle a suivi une formation de sténotypiste au cours Pigier. Mais la réponse du jeune élu est définitive : « *Ce n'est pas une bonne idée. Mélanger le travail et la famille ne m'inspire pas du tout.* » Durant la campagne de 1974, à ses conseillers qui insistent pour qu'il mette en avant son épouse, comme son rival, Valéry Giscard d'Estaing, le candidat socialiste répond : « *Pourquoi donc mêler Danielle à tout ça ?* »

Danielle sait de toute façon occuper ses journées. Jean-Christophe – elle l'appelle « Christophe » – naît en 1946, Gilbert, trois ans plus tard. Mais les soirées sont bien longues. Danielle se languit en tricotant, l'oreille collée au transistor. Elle découvre la reliure et la dorure, qu'elle pratique bientôt dans une chambre de bonne aménagée au sixième étage de son immeuble. Douée, elle relie un livre d'or commandé par l'hebdomadaire *Elle* qui sera offert en 1958 à la reine d'Angleterre, en visite officielle à Paris. Danielle intègre aussi un atelier de la rue Visconti. Des heures durant, dans les odeurs de colle, de papier et de cuir, elle tâche de distraire son ennui et d'oublier les infidélités de son mari.

Il arrive que celles-ci la rattrapent. Le 1er février 1956, jour de l'investiture de François Mitterrand au ministère de la Justice, elle décide de s'installer pour quelques jours place Vendôme. Le chauffage central de son immeuble vient de tomber en panne et, rue Guynemer, l'appartement est glacial. En arrivant au ministère, Danielle découvre un bouquet de cent roses rouges adressées au « *Très cher ministre* ». « *La marque de sympathie que vous manifestez à notre couple n'a d'égale que la généro-*

sité de l'envoi. [...] *Avec mes meilleurs sentiments* », se venge l'épouse humiliée.

Danielle raille, boude, pleure, s'emporte. Et puis Danielle se fait une raison : sa vie ne sera pas celle des couples qui se jurent éternelle fidélité et finissent par se fondre en un seul être. François achève de la convaincre. « *Notre vie commune a pris un autre sens, plus solidement ancré à la famille. Lorsque l'on est foncièrement attaché l'un à l'autre et que l'on désire profondément rester ensemble, vivre des amours séparées n'est pas inconcevable* », théorise elle-même l'épouse dans ses mémoires.

« *J'ai tout fait pour rendre la vie facile à François* », confie-t-elle en 1975 à une journaliste du *Herald Tribune*. Intimités séparées, causes communes... Peu à peu, Danielle s'échappe de ses confitures, de son tricot et de ses rhododendrons. Elle collabore au mensuel *Dire*, de Claude Estier, distribue des tracts à la « Mutu », serre la main des Nivernais, et suit au premier rang les meetings de son mari. L'épouse résignée cache en effet un caractère fébrile et passionné. Le souvenir de Bertie Albrecht, cette figure de la Résistance qui, au printemps 1943, se réfugia chez les Gouze avec son compagnon, Henri Frenay, avant d'être rattrapée puis torturée par la Gestapo, a bouleversé sa jeunesse. La jeune femme a d'ailleurs conservé la broche et le coffret que lui avait offerts sa courageuse héroïne, quelques semaines avant de mourir.

Danielle rêve aussi d'action et de nobles causes. Son tempérament n'attendait qu'une bataille pour s'illustrer. C'est l'obscure affaire de l'Observatoire qui, en octobre 1959, brûle l'épouse autant que le mari. Pour la première fois, Danielle sort ses griffes. Elle s'insurge contre le «procès» intenté à son mari, fait le tour des amis, en quête de soutiens. À l'époque, les Mitterrand fréquentent souvent Pierre Lazareff, l'influent patron de *France-Soir*, et son épouse, Hélène, fondatrice du magazine *Elle*, dans leur propriété de Louveciennes. Un long silence accueille Danielle lorsque, cet automne-là, elle s'invite sans prévenir chez ses amis. Il y a là Guy Béart et d'autres connaissances du couple.

– *Entre, ma petite Danielle*, lui dit Hélène, rompant la gêne.

– *Je suis venue voir Pierre, puis-je lui parler?*

– *Il est dans son bureau.*

– *Bonjour, petite Danielle*, l'accueille quelques minutes plus tard Lazareff.

– *Je suis venue vous parler de l'Observatoire, Pierre. Vous connaissez François. Vous savez, vous, qu'il est incapable d'avoir monté une chose pareille... Il faut que vous engagiez une campagne de presse pour prendre sa défense.*

– *Tu sais, nous sommes avec toi. C'est affreux ce qui arrive à François, nous ne comprenons pas ce qui se passe. Il a toujours notre confiance, mais...*

– *Stop... Au revoir, Pierre. Je n'ai plus rien à vous dire. Si vous lui faites confiance, il n'y a pas de mais...*

« Petite Danielle » n'adressera jamais plus la parole aux Lazareff, ni même à Henri Frenay, le voisin de la rue Guynemer. Du reste, elle ne parle plus à grand monde en cette période d'opprobre. Elle se dit écœurée par le milieu politique et vit repliée sur son clan rapproché : sa sœur Christine et son époux, Roger, ses enfants. Elle est le meilleur soutien de son mari, forte, indéfectible, inaccessible aux doutes. Unis dans l'épreuve, comme toujours. Même si François et Danielle font depuis peu chambre à part...

« *Ma femme est la première ennemie du gouvernement* », confiait dès 1949 le ministre de l'Information. Pour comprendre cette femme complexe, souvent déconcertante, il faut la voir avant tout résistante. Elle en a toutes les qualités et les défauts : entière, enthousiaste, têtue, voire sectaire. À table, Danielle parle de justice, de solidarité, d'argent qui salit tout. Conspue les bourgeois, sans craindre de s'en prendre à la famille de son mari, qu'elle n'apprécie guère et qui le lui rend bien. Se lamente des petites tambouilles politiques et applaudit à chaque charge antigaulliste de son mari. Avec elle, les grands idéaux épousent les plus petites choses du quotidien : la libération des peuples, la partie de scrabble, la révolution prolétarienne, les conserves de foie gras. Ni intellectuelle – elle lit très peu – ni tacticienne, Danielle ne pense pas « la gauche », elle en a les réflexes, avant d'en devenir, plus tard, l'une des icônes.

Les grands mots ne lui font pas peur. Mais le pouvoir la laisse – pour l'heure – terriblement méfiante. En 1974, à la veille de l'annonce de la candidature de son mari à l'élection présidentielle, elle confie à son amie Danièle Burguburu, à Latche : «*Pourvu qu'il n'y aille pas, pourvu qu'il n'y aille pas...*» François Mitterrand perdra de peu cette année-là. Mais le 21 mai 1981, le voilà, à soixante-quatre ans, gravissant, solennel, les marches du perron de l'Élysée. À ses côtés, son épouse, bouleversée, convaincue d'avoir un rôle à jouer. «*Je ne veux pas être une potiche*», annonce-t-elle à peine installée au 55, rue du Faubourg-Saint-Honoré.

Jean, l'«ami», est parti. Il s'est éloigné peu après la victoire. Danielle accuse le coup, à sa manière, taiseuse. Durant une semaine, elle refuse de sortir, reçoit peu, ses pensées très loin de l'état de grâce présidentiel. Et voilà qu'un matin, à une amie, elle lance, comme sortie d'une très mauvaise nuit : «*Bon allez, on passe à autre chose !*» La page est tournée. Un nouveau chapitre peut s'ouvrir, historique, passionnant, à l'Élysée.

Mais François Mitterrand, qui connaît le caractère plus qu'imprévisible de son épouse, n'a rien prévu pour elle – il la sait capable d'impairs. Mais comment arrêter Danielle ? À peine installée, la nouvelle Première dame forme une équipe et s'affaire. Commence par classer le courrier de félicitations, pour vite lui préférer les lettres de doléances. Elle appelle Charles Hernu, à l'Intérieur, au nom des objecteurs de conscience, interpelle Pierre Bérégovoy dans les couloirs de l'Élysée sur la question des retraites, peste contre les «*robots programmés*» de l'administration, s'indigne du monopole de Potel & Chabot ou Lenôtre sur les buffets trop copieux de l'Élysée. Les petits artisans feraient si bien l'affaire ! Une fois, une seule, elle réussit à placer sur la liste des fournisseurs un modeste confiturier soutenu par son association, Cause commune. Mais au prix de quel effort ! Danielle finit par se lasser.

Puisque agir devient une «*nécessité*», il lui faut un autre champ d'action. Vaste, moins balisé, plus vierge, loin des « bonnes œuvres » convenues de ces dames qui l'ont précédée à l'Élysée. Ce sera la défense des droits de l'homme. Avec ou sans son mari, Danielle Mitterrand a beaucoup voyagé dans les années 1970 : des séjours en Inde, en Chine, en Amérique du Sud, qui ont forgé sa culture des mouvements de libération des peuples et renforcé ses convictions tiers-mondistes. En 1986, Danielle Mitterrand crée l'association France-Libertés. Au mépris des convenances diplomatiques et parfois du danger – en juillet 1992, elle échappe à un attentat dans le nord de l'Irak –, la Première dame devient alors la championne des causes perdues, la marathonienne des opprimés. Elle soutient les enfants de disparus en Argentine, les prisonniers politiques au Chili, les Indiens du Canada. S'envole pour le Salvador, l'Afrique du Sud, la Mauritanie, la Chine, se lie d'amitié avec le dalaï-lama et franchit la frontière kurde. Les oubliés deviennent ses frères, la planète son jardin.

Mieux : avec cette ONG, la femme «*sans profession*» s'invente une carrière, affiche une indépendance politique et offre à François Mitterrand une formidable caution humaniste. Au départ, l'activisme de Danielle est en effet observé avec bienveillance au Château. On est alors en pleine cohabitation et l'idée de voler la vedette au nouveau secrétariat d'État aux Droits de l'homme du gouvernement Chirac ne peut que réjouir l'Élysée. Pour Danielle, «*bouger les lignes*» est un devoir. À l'inverse, François Mitterrand est, sur les questions de politique étrangère, un fin disciple de Metternich, ce génie de l'équilibre des forces. Pourquoi le chef de l'État ne profiterait-il pas de cette parfaite complémentarité ?

Mais très vite, les initiatives tous azimuts de France-Libertés et l'intransigeance de sa présidente font grincer des dents. À peine arrivée à l'Élysée, Danielle avait d'ailleurs posé ses conditions. Pas question d'accompagner son mari dans les pays où les droits de l'homme sont bafoués. C'est ainsi que dès janvier 1983, elle s'abstient de suivre le président de la République au Maroc, pour manifester sa solidarité avec les prisonniers politiques du régime d'Hassan II. L'extrême gauche applaudit. Le roi, lui, est terriblement vexé. Qu'à cela ne tienne, le Président va lui rendre une autre visite, discrète, privée, et à l'insu de Danielle, un an plus tard. En août 1984, François Mitterrand s'invite ainsi au palais du souverain marocain, accompagné... d'Anne Pingeot. Petits jeux de diplomaties parallèles, qui échappent au Quai d'Orsay, mais pas à Hassan II...

Preuve en vient six ans plus tard. En novembre 1990, Danielle, qui décidément ne ménage pas l'amitié franco-marocaine, décide de visiter les camps sahraouis de Tindouf, au sud de l'Algérie. Hassan II et ses ministres sont furieux. L'ambassadeur français lui-même menace de démissionner si l'épouse du Président refuse de plier. « *Toi et François, vous êtes des canailles!* s'indigne Danielle devant Roland Dumas. *Quand je pense qu'il y a quelques années encore, vous distribuiez des tracts contre le régime d'Hassan II. Et maintenant, vous partez en vacances chez lui!* » Roland Dumas s'envole calmer le jeu à Rabat. Danielle, une fois n'est pas coutume, doit renoncer. Elle annule son voyage... mais reçoit à Paris l'épouse du chef du Front Polisario, Mohammed Abdelaziz.

Un an plus tard survient un nouvel incident. Cette fois, il s'agit pour la fondation de créer un collectif de vigilance chargé de surveiller le bon déroulement du référendum d'autodétermination au Sahara Occidental. Devant des millions de téléspectateurs qui écoutent son intervention sur TF1, le roi du Maroc dénonce les ingérences de l'« *épouse morganatique* » du Président. Stupeur. Danielle Mitterrand ne réagit pas officiellement. Comment le pourrait-elle ? Mais le lendemain, au luxueux siège de la fondation – trois cents mètres carrés au dernier étage du palais du Trocadéro, loués à la Direction des musées de France, négociés par Jack Lang et financés grâce à la générosité de tous les ministères –, elle sort la tête de son bureau. « *J'ai regardé le dictionnaire à morganatique*, lance-t-elle, triomphante, à une collaboratrice. *Le roi se trompe. Je ne suis pas la femme épousée en secret, mais l'épouse officielle... Ça supposerait qu'il y en ait une autre !* »

Danielle veut tout. Son indépendance, et l'aide du Président. La mobilisation de tous, et son droit de parole. Et des financements, toujours plus de financements. Au début du premier septennat, elle avait réuni autour d'une table toutes les femmes du gouvernement : « *Vous disposez de moyens que je n'ai pas, vous allez m'aider* », avait-elle expliqué à Edwige Avice, Yvette Roudy et Édith Cresson, stupéfaites. Ambiguë, la Première dame ? Même réponse toujours : « *Je suis une femme libre.* »

Libre, peut-être, mais très bien entourée. « *Vous ne voulez pas aller à la fondation ?* » Combien de fois Mitterrand a-t-il doucement suggéré leur aide à ses fidèles, autant pour satisfaire son épouse que pour cadrer ses enthousiasmes ? Combien de fois Jean-Claude Colliard a-t-il invité des entreprises amies à délacer les cordons de leurs bourses, comme L'Oréal ? Alors ils y vont, presque tous : Claude Cheysson, ancien ministre des Relations extérieures, Pierre Bergé, patron d'Yves Saint-Laurent et Max Théret, bailleurs de fonds réguliers de la gauche, Loïk Le Floch-Prigent, patron d'Elf, autre généreux pourvoyeur, Georgina Dufoix, présidente de la Croix-Rouge, Georges Kiejman, Erik Orsenna et même Me Tajan, ont ainsi siégé au conseil d'administration de France-Libertés.

Michel Charasse, ministre du Budget, est convié pour remettre de l'ordre dans la comptabilité de l'association. Bernard Dorin, ambassadeur au Japon, est chargé, lui, de trouver des sponsors parmi les industriels nippons. Et gare à ceux qui font preuve de mauvaise volonté ! Pour ne pas avoir déployé assez de zèle pour la cause kurde, Éric Rouleau, en poste à Ankara, aura droit à un courrier fort peu amène de la part de Danielle Mitterrand.

François Mitterrand lui aussi reçoit des lettres. Et des appels. Et des visites. «*Pauvre François ! Vraiment je l'agace*», reconnaît son épouse dans *En toutes libertés*. À toute heure, elle frappe à la porte du bureau présidentiel, son énoncé bien en tête. Avant même qu'elle puisse commencer :

– *Danielle, dis-moi en deux minutes, je suis attendu...*

Elle, blessée :

– *Je ne peux pas. Plus tard, quand tu auras le temps.*

Parfois, rarement, François Mitterrand se fâche, comme lorsque Danielle signe une lettre ouverte aux présidents des Républiques algérienne et française pour condamner les massacres des étudiants à Alger. « *Tu m'as poignardé dans le dos, et tes amis des associations humanitaires sont des gauchistes excités. Ils ne savent pas de quoi ils parlent.* » Pourtant il cède. Presque toujours. Épaté par le courage et l'énergie de son épouse, plaident les uns. Soucieux d'acheter sa paix conjugale, sourient les autres, plus lucides.

Rue de Bièvre, les amis s'obligent poliment à écouter les longues tirades de Danielle sur les avancées sociales du régime de Fidel Castro – l'une des causes les plus chères à son cœur, avec les Kurdes. François contredit gentiment son épouse : « *Mais enfin, un régime sans élections, cela s'appelle une dictature.* » Jamais pourtant cet homme qui peut se montrer glacial, qui sait blesser d'un mot un proche ou d'un regard le remettre à sa place, ne l'humilie. En privé, il recommande simplement : « *N'y va pas trop fort, tout de même...* »

François Mitterrand accepte même de nommer Raphaël Doueb, l'omniprésent et bouillonnant vice-président de France-Libertés, comme expert au Conseil économique et social. Le 12 juillet 1989, toujours sur l'insistance de son épouse, il lui décerne la Légion d'honneur sur le contingent de Michel Gilibert, ministre des Handicapés.

«*Raphaël*», Danielle ne jure alors que par ce prénom. L'Élysée s'en méfie, Mitterrand lui voue un mépris certain mais silencieux. La présidente de France-Libertés, elle, ne peut s'en passer. Aucune décision n'est prise sans l'accord de son mentor. «*J'ai eu beaucoup dans ma vie. J'ai rencontré deux êtres d'exception : François et Raphaël Doueb*», confie souvent Danielle Mitterrand à des interlocuteurs déconcertés.

En quelques années, Doueb, né en 1940 dans le sud algérien, est devenu le personnage incontournable de la fondation. Quitte à faire le vide autour de sa patronne, râlent certains. C'est peu dire en effet que l'homme ne fait pas l'unanimité. Éclectique, trouble, flatteur, cet administrateur de biens, dont les nombreuses sociétés immobilières se spécialisent dans l'achat et la revente d'immeubles, a toujours une idée à proposer, un projet à défendre. Amateur d'art, il a racheté le Musée de l'affiche et a converti un hôtel particulier en galerie de peinture dédiée aux artistes de l'Est et d'Amérique latine.

On la croit, elle se croit, infatigable, dotée de nerfs en acier. Mais, régulièrement, Danielle craque, houspille François, menace de s'en aller, et fugue. À la toute fin des années 1950, jeune épouse délaissée, elle avait déjà quitté le domicile conjugal pour quelques jours. L'ancien ministre avait dû partir à sa recherche pour la raisonner.

À l'été 1990, l'affaire est plus sérieuse. François Mitterrand est président de la République. Danielle, la première dame de France. François Mitterrand, malade, en plein doute, envisage de démissionner. Un communiqué faisant peu secret de son état de santé est bloqué *in extremis* par son service de presse. Il y a aussi un autre souci, resté mystérieux, qui mine le Président. Il s'en ouvre à Michel Charasse, qui règle « l'affaire » en une semaine. Il y a enfin cet article au vitriol consacré à Jean-Christophe que vient de publier *L'Événement du jeudi*. Intitulée « *Les tribulations du fils de Tonton* », l'enquête jette une lumière bien peu flatteuse sur l'action en Afrique francophone de « *Papamadit* », alors conseiller à la présidence. En lisant les révélations de l'hebdomadaire de Jean-François Kahn, Danielle est effondrée. Depuis toujours, « Christophe » est un peu son protégé : c'est elle qui a demandé à son mari de le faire embaucher à l'AFP. Elle qui l'a poussé vers l'Élysée. Les soucis familiaux, la maladie de son mari, et, maintenant, cet article incendiaire... Pour Danielle, c'en est trop.

À la mi-juillet, elle disparaît. Ce sont les gardiens de Latche qui informent l'Élysée de la fugue de Mme Mitterrand. À quatre heures du matin, les deux gendarmes en poste ont aperçu de la lumière et entendu du bruit dans la cuisine de la bergerie. Danielle est là, fichu sur la tête, buvant son café avant de charger ses sacs dans la Méhari. En voyant les deux hommes, la fugueuse se fâche tout rouge : «*Je vous préviens, vous n'avez pas intérêt à me suivre !*»

Dans son bureau, François Mitterrand se ronge les sangs. On l'informe que ses hommes poursuivent leur filature.

Au téléphone, les contacts sont réguliers :

– *Où est-elle ?*

– *Dans les Hautes-Pyrénées, monsieur le Président. On l'a repérée dans un petit village nommé Barèges, près du Tourmalet.*

– *Bon, et que fait-elle ? Elle a l'air bien ?*

– *Elle est à la terrasse d'un café en train d'écrire une carte postale.*

– *Très bien, continuez...*

L'escapade de Danielle Mitterrand durera une semaine. L'épouse finira par rentrer à Paris, au plus grand soulagement du Président. Le 2 août, l'armée irakienne envahit le Koweit. C'est le début de la guerre du Golfe, qui balaie tous les soucis domestiques. Rue de Bièvre, la vie reprend, avec ses non-dits, ses indignations, ses déjeuners où l'on parle de tout et de rien, ces gestes de tendresse que seuls les plus intimes du couple savent décrypter : la manière qu'elle a de lui réajuster le col de son manteau, les deux ou trois appels quotidiens de François, le petit surnom – «*Danou*» – qu'il lui donne parfois, les compliments qu'elle lui écrit lorsque l'une de ses interventions l'a bouleversée, ces moments privilégiés, le soir, où il s'assoit sur le bord de son lit pour lui raconter sa journée. Sur son cahier bleu d'écolière, de son écriture ronde, Danielle continue rageusement de noircir les pages.

XII

Le cheval du Président

« Balzane un, cheval commun
Balzane deux, cheval dangereux
Balzane trois, cheval de roi [...].»

Paul Morand, *Milady*.

Il est né, ça ne s'invente pas, un 10 mai, au haras komsomol d'Achkabad, la capitale du Turkménistan, et porte le nom de Gendjim – le «favori». C'est un superbe akhal teke de sept ans, à la robe isabelle et à la crinière noire, offert en ce mois de mai 1993 à François Mitterrand, à l'occasion d'un voyage officiel en France par son homologue turkmène, Saparmourat Niazov. Un joli petit cheval entier, très rare, avec une étroite étoile au front et un losange de ladre au bout du nez, comme il n'en existe que quelques milliers de spécimens dans le monde : longue tête fine, yeux expressifs, robe aux reflets d'or, poitrine très étroite, beaucoup d'air sous le ventre, comme disent les spécialistes, et un joli coup de saut.

Depuis la rocambolesque histoire des diamants offerts par Bokassa, dont certains prétendent qu'elle contribua à la défaite de Valéry Giscard d'Estaing, les cadeaux présidentiels sont la propriété de la France. François Mitterrand avait promis, dès son accession à la présidence de la République, que tous les présents reçus dans l'exercice de sa charge appartiendraient au patrimoine national. En 1986, il inaugure ainsi dans un ancien couvent de Château-Chinon un insolite Musée du septennat, qui abrite tous les présents reçus par le chef de l'État. Ce grenier de la Ve République est un improbable bric-à-brac où cohabitent pêle-mêle un portrait du président François Mitterrand en ailes de papillon, un samovar en métal argenté, cadeau de Mikhaïl Gorbatchev, une scène de la vie quotidienne des Esquimaux en 1937 dédicacée par Paul-Émile Victor, ou encore une panthère naturalisée offerte par Omar Bongo.

Pas de clause spéciale, en revanche, pour les cadeaux vivants. L'usage a établi que les animaux sont confiés à des zoos ou des centres d'études : ce fut le cas, par exemple, des bisons venus de la forêt primitive, aux confins de la Pologne et de la Biélorussie, présents de Lech Walesa. Deux chevaux de race, l'un arabe, offert à Valéry Giscard d'Estaing, l'autre barbe, cadeau d'Houari Boumédiène, en 1975, ont trouvé refuge aux Haras nationaux. Plus inattendu : lors d'un de ses premiers voyages officiels au Burkina Faso, François Mitterrand a hérité d'un coq et d'un bouc blancs qui s'accommoderont assez mal du climat tempéré de l'Hexagone, et dont l'état de santé agitera pendant plusieurs semaines la petite communauté amusée des journalistes accrédités à l'Élysée.

Après la signature de quelques contrats gaziers, Saparmourat Niazov et François Mitterrand sacrifient au traditionnel rite des cadeaux. Le président turkmène comprend vite, en devisant avec son hôte, qu'un akhal teke le comblerait. Le cheval de guerre est l'orgueil des Turkmènes, et plus précisément celle de leur plus noble tribu, les Teke. Ce descendant légendaire de Bucéphale, le précieux destrier d'Alexandre le Grand, est réputé pour ses exceptionnelles qualités d'endurance – il peut galoper très vite, des heures durant. Depuis son indépendance, le Turkménistan a fait du cheval le symbole de son renouveau, l'arborant sur les armoiries nationales, en lieu et place de la faucille et du marteau.

François Mitterrand remercie chaleureusement, explique que l'ambassade de France à Moscou se chargera du transport de l'étalon depuis Achkabad. C'est donc entendu : les deux hommes scellent la cérémonie par une poignée de main, sans qu'aucun écho sur le codicille équestre de cette visite diplomatique franchisse les grilles du palais de l'Élysée et filtre dans la presse. Le dimanche, dans la salle à manger de Souzy-la-Briche, devant sa fille Mazarine et Alexandre Gros, son écuyer personnel depuis cinq ans, le président de la République se fait mystérieux :

– *Ça vous ferait plaisir d'avoir un Akhal teke ?*

Mazarine est folle de joie. Elle le veut.

Voilà longtemps que la cavalière hésitante du château de Trevesse a laissé place à une presque championne, assidue et volontaire, qui monte sous un faux nom au très select manège de l'École militaire, réservé aux enfants d'officiers et aux fils de diplomates. C'est là que Mazarine file, plusieurs soirs par semaine, après ses cours, en rêvant de trophées. Le week-end, elle retrouve à Souzy le double-poney offert par son père pour son anniversaire, « The Best », qu'elle chevauche dans une petite carrière aménagée. Depuis 1981, des travaux d'un montant – jamais contesté – de dix millions de francs ont été effectués. Le mur d'enceinte a été rehaussé d'une cinquantaine de centimètres. De temps en temps, une Jeep fait le tour de la propriété pour décourager les promeneurs indiscrets ou les Souzéens indélicats.

Mazarine se lève avec l'aube pour enchaîner compétitions et sauts d'obstacles au centre équestre tout proche de La Courbette. Mais voilà qu'un jour de concours de 1989, les sabots de son cheval butent contre les deux barres en bois de l'oxer. La cavalière, qui a revêtu la veste noire et les gants blancs des grandes occasions, tombe lourdement, mange la poussière, face contre terre, inerte. Henri, son plus fidèle garde du corps, refuse le brancard et exige pour Mazarine une civière « coquillage », qui maintient le dos bloqué, au cas où la colonne vertébrale serait cassée. On se précipite. On s'inquiète. « *Bouge tes mains, Mazarine! Bouge tes pieds!* »

Les pompiers arrivent, suivis d'Anne. Dans l'ambulance qui mène l'adolescente à l'hôpital d'Arpajon – le plus proche de Souzy –, un ambulancier, ignorant qu'il transporte la fille du président de la République, risque gentiment : « *Tu vois, on a mis la lumière pour toi toute seule, c'est la première fois, n'est-ce pas?* » Mazarine sourit : « *C'est super.* » Heureusement, les examens ne montrent rien de grave. Quelques vertèbres sont tassées, le nez cassé, les yeux marqués d'un épouvantable coquard, mais tout va bien.

Paniqué, François Mitterrand commence par faire les cent pas dans la bibliothèque du château. Il n'a pas prévu ça : il ne peut pas voir sa fille! Il demande le silence, s'agace des cris des petites cousines Pingeot et exige que Mazarine soit transportée au Val-de-Grâce, pour pratiquer un scanner – sous un faux nom. Le général Laverdant, chef de service à l'hôpital militaire, est tenu à l'écart. Il s'en plaint quelques jours plus tard au médecin personnel du Président, Claude Gubler : « *Le GSPR n'en fait qu'à sa tête! L'autre jour, je n'ai même pas été appelé alors que la petite fille du Président a été hospitalisée.* » Petite fille ou petite-fille ? Le lendemain, le même Gubler – auquel on a répondu que l'accident était survenu au manège de l'École militaire – s'en enquiert candidement auprès d'une Danielle Mitterrand stupéfaite : « *Mais il y a bien une de vos petites filles qui a été blessée par un cheval ?* » L'épouse du Président devine le quiproquo, et demande qu'on appelle sur-le-champ le général. Il faudra tout le doigté du Dr Gubler pour se sortir de ce faux pas.

Le président de la République, lui, n'a qu'un souci en tête : sa fille. Il file à l'hôpital, boulevard de Port-Royal. On le rassure : la colonne vertébrale n'est pas touchée. Sa main dans celle de Mazarine, il lui fait promettre de ne plus monter cette carne indocile. En vérité, il ne serait pas fâché si Mazarine rangeait pour de bon sa cravache et sa bombe. Mais il sait que sa fille, entêtée, ne voudra pas s'y résoudre et que son parrain, excellent cavalier, plaidera sa cause sans faillir.

François de Grossouvre sort en effet de sa poche un argument imparable : « *Je connais quelqu'un, un homme remarquable. Il s'appelle Alexandre Gros.* » Le responsable des chasses présidentielles l'a déjà convié à de nombreuses reprises dans son château de Lusigny. Il a observé de près la pédagogie exceptionnelle de cet admirateur d'Alexis Gruss, qui monte les chevaux « au sentiment » et sait leur parler droit dans les yeux. Pour Alexandre, explique-t-il au Président, il n'y a pas de cavaliers malhabiles qui chutent; il n'y a que des bêtes apeurées et mal préparées à l'obstacle.

Le petit homme au physique de torero gitan, peau cuivrée et cheveux d'étoupe, exerce ses talents aux Écuries de Clairbois, près de Rambouillet, où il réside à cette époque. Son goût de la discrétion a fait le tour du gotha équestre parisien, mais aussi mondial : à cette époque, Alexandre Gros compte parmi ses élèves des princes et des fils de chefs d'État étrangers, mais aussi les enfants d'Yves de Chaisemartin, de Gilbert Bécaud, avant ceux d'Olivier Dassault. Le fonctionnaire du ministère de la Jeunesse et des Sports a gravi rapidement tous les échelons de l'administration, pour être rattaché, en mars 1994, à la direction régionale de l'Île-de-France.

Alexandre Gros commence par entraîner Mazarine à Rambouillet mais s'installe très vite, pour plus de commodité et selon le souhait du Président, à moins de deux kilomètres de Souzy, dans un chalet de bois vert, flanqué de plusieurs boxes, et géré par l'Office national des forêts. François Mitterrand s'est pris d'amitié pour cet homme qui comprend si bien les animaux, et a su dresser si finement son chien Enzo. Le Président essaie d'ailleurs d'apprendre la même obéissance à ses insupportables labradors, Thélème et sa fille Baltique – que Mazarine a choisie dans la portée de chiots –

et que les gardiens de Souzy, maîtres-chiens recrutés avec soin par le GSPR, gardent volontiers la semaine.

Alexandre devient l'invité permanent de la seconde famille. Tous les dimanches, le rituel est le même : voltes, changements de main, passages de barres pour Mazarine, derrière des lices protégeant un verger et une pâture, sous l'œil admiratif du Président – parfois celui d'Anne, lorsque son travail ne la retient pas au manoir. Un jour, Mazarine, sans cravache ni éperons, fait danser son poney comme le Cadre noir de Saumur. Un autre, c'est François Mitterrand qui se laisse convaincre par sa fille de monter The Best. Voilà le chef de l'État, pas très à l'aise sur son poney, qu'Alexandre tient par le licol, poussant la promenade jusqu'à la forêt. L'écuyer sort son appareil pour immortaliser cette scène historique. Le Président sourit : «*Ah, Alexandre, combien* Paris Match *donnerait pour cette photo !*»

Après la leçon d'équitation, le Président ne manquerait pour rien au monde le best-of des «Guignols de l'info», à treize heures, sur Canal +. Suit le déjeuner dans la salle à manger, avec «Madame Do», la cuisinière asiatique que les gendarmes du GSPR vont chercher à Évry, et qui sert les légumes du potager. Café et chocolats, enfin, dans la bibliothèque, avec les invités réguliers d'Anne et de François : l'épouse de Charles Salzmann, Agnès et François Pingeot, les Rousselet, Michel Charasse, ou encore les fidèles hôtes de Venise, Zoran Music et Ida Barbarugo. Dehors, à travers les fenêtres, on aperçoit les chevaux qui paissent dans le parc : The Best, bien sûr, mais aussi Hector, l'adorable petit poney blanc qui appartenait à la fille de Robert Badinter et que le garde des Sceaux a offert à Mazarine.

Pour Gendjim le magnifique, la route est longue jusqu'à Souzy. Aux premiers jours de 1994, après un épuisant voyage qui l'a d'abord mené en wagon spécial d'Achkabad à l'hippodrome de Moscou, puis en camion transporteur à travers l'Europe, le pur-sang foule enfin le sol français. Alexandre Gros est chargé par l'Élysée de le convoyer en van jusqu'à Souzy, pour le débourrer. La tâche est ardue. L'étalon venu des sables brûlants du Karakoum est sauvage, et cause même la chute du brillant écuyer aux pieds du Président, désolé. Le 26 février, après de longues semaines de dressage, l'animal est présenté en main, sur la pelouse impeccable de l'Élysée par Alexandre Gros. Seuls sont conviés l'ambassadeur du Turkménistan en France et quelques happy-few. Ni photos officielles ni dépêches d'agence. L'animal disparaît la même après-midi pour retrouver Souzy, où Mazarine, entre deux révisions du concours de Normale sup, le monte le week-end.

Sans l'entêtement de Jean-Louis Gouraud, amoureux des chevaux et président de l'obscure

Association française du cheval akhal teke, personne n'aurait soupçonné jusqu'à l'existence de l'étalon. Créateur de la petite maison d'édition spécialisée Caracole, Gouraud a appris, au détour d'un article du *Monde* consacré au Turkménistan – « *Une dictature éclairée au gaz* », le 18 novembre 1993 –, que François Mitterrand, comme John Major, était depuis six mois l'heureux bénéficiaire d'un pur-sang. Mais attention : pas un raté au débourrage, pas l'un de ces spécimens irritables et boiteux élevés dans les haras soviétiques et vendus à prix fort aux enchères au temps du régime communiste... Non, un vrai, un digne et vaillant descendant de l'orgueilleuse race des steppes turkmènes. Gouraud veut absolument l'admirer.

Dès décembre 1993, l'ancien journaliste, aussi passionnément hippophile que discrètement mitterrandophobe – comme nombre de ses camarades du milieu équestre –, commence sa campagne d'investigation auprès de l'Élysée et du Quai d'Orsay, avec l'obstination d'un Rouletabille. Une fois, dix fois, il compose le 42 92 81 00, le standard du palais. À l'autre bout du fil, des fonctionnaires, d'abord interloqués par la requête, tentent d'épuiser ses ardeurs. Mais l'homme a du bagout, du culot et des relations. Lors d'un voyage à Moscou, il apprend par un ami de l'ambassade de France que le cheval a quitté la Russie pour gagner la région parisienne, le 30 janvier. Il en informe le Quai d'Orsay. Cette fois, la réaction ne tarde pas. Muriel de Pierrebourg, du service de presse de l'Élysée, rappelle l'importun.

– *Nous avons de bonnes nouvelles pour vous. Nous allons vous mettre en relation avec une chargée de mission à la présidence, très au fait du sujet, qui va tout vous dire, ne quittez pas.*

Légère attente au téléphone.

– *Bonjour ! Oui, c'est moi qui ai été chargée par le Président du suivi de cette affaire. Le cheval va très bien. Il s'appelle Gendjim, et moi je m'appelle Christine Cottin.*

L'insolent, visiblement nourri à l'almanach Vermot, ne résiste pas :

– *Avec ou sans « r » ?*

Silence navré de la fonctionnaire. Puis :

– *Gendjim a été remis officiellement au Président le 26 février, à 11 h 30, au cours de la cérémonie officielle qui s'est déroulée à l'Élysée même, sur la pelouse du jardin, en présence du chargé d'affaires du Turkménistan en France.*

– *Il y a donc près d'un mois ?*

– *Oui, c'est cela, un petit mois. Des photos ont été faites.*

– *C'est formidable ! Et maintenant, il est où ?*

Le ton se fait plus sec.

– *Si vous croyez que je n'ai que cela à faire. Je ne sais pas, moi, on a dû le remettre aux Haras.*

– *Quels haras ?*

– *Les Haras nationaux, évidemment.*

– *Mais non, chère madame*, réplique Gouraud. *Je me suis déjà renseigné. Personne, à la direction des Haras nationaux, n'a jamais entendu parler d'un cheval turkmène, ni akhal ni teke.*

Tête de pioche, Jean-Louis Gouraud décide alors de frapper à la porte des médias. « *On n'est pas* Paris-Turf », bougonne d'abord l'un des rédacteurs en chef de *Libération*. Jean-Pierre Perrin, spécialiste de l'Asie centrale, finit par s'intéresser à l'affaire. Alors qu'il se fait lui aussi éconduire par l'Élysée, il note que les Anglais savent tout, jour par jour, de la vie de Maksat, l'étalon offert à John Major et convoyé avec Gendjim : il est passé par le Household Cavalry, il repasse par le corps royal des vétérinaires de Melton Mowbray... Le 23 avril 1994, deux jours avant une visite officielle de François Mitterrand au Turkménistan, le journaliste pose donc opportunément la question qui fâche dans les colonnes de son quotidien : « *Qui a vu l'étalon turkmène de Mitterrand ?* » La curiosité quitte d'un coup le petit cercle des spécialistes pour s'inviter dans la presse nationale. Oui, qu'est devenu l'étalon aux reflets d'or ?

La chasse au « Gengi », comme le baptisent phonétiquement les journalistes, est lancée. À chaque nouvel appel, le service de presse de l'Élysée, nerveux, débordé, élude. L'un des responsables de la communication, qui sait tout de l'histoire, comprend qu'il faut avertir le chef de l'État et ose une belle litote :

– *Je crois qu'on a un petit souci avec l'akhal teke.*

– *Il faut s'en préoccuper*, lâche sobrement mais fermement François Mitterrand.

– *Entendu, monsieur le Président*, répond son interlocuteur, guère plus avancé.

Il était temps. On frise l'affaire d'État. Le 25 avril 1994, à Achkabad, les correspondants en Asie centrale et les journalistes accrédités par l'Élysée n'ont qu'une question en tête. Oublié, le mirobolant contrat de quatre cent mille millions de francs signé par Bouygues pour la construction d'un palais présidentiel. Laissé dans l'ombre, Loïk Le Floch-Prigent, président de Gaz de France, qui a fait le voyage avec le Président. Seul compte le « mystère Gendjim ». Lors de la conférence de presse, François Mitterrand dissimule mal son extrême agacement et retrousse son sourire devant les préoccupations si futiles de ces journalistes que décidément il méprise, surtout lorsqu'ils enfreignent les règles de l'obéissance.

« *Il est très difficile de maintenir un cheval dans une salle de musée*, ironise le chef de l'État, mordant. *On me dira : pourquoi pas dans les Haras ?* » Puis il explique à la presse que le cheval revient « *d'un long voyage de plusieurs mois* » et qu'« *il a été blessé en plusieurs endroits de son corps, sans gravité sans doute, mais qui méritent des soins* ».

Sans faiblir, il assure : « *Plutôt que de confier à un haras comme je l'ai fait pour les magnifiques chevaux que j'ai reçus naguère du roi du Maroc, et dont je n'ai pas entendu parler à la minute où je les ai remis, il a été confié à des spécialistes en équitation, des écuyers qui l'ont remis en bon état.* » Une allusion aux chevaux offerts par le roi Hassan II, en 1983 – chevaux que, au passage, les Haras, pressés par quelques journalistes, n'ont jamais retrouvés sur leurs listes.

L'Élysée souffle. L'épisode semble clos. Croit-on. Le 4 mai 1994, coup de théâtre, le quotidien *Libération* révèle que le très médiatique akhal teke se trouve à Souzy-la-Briche : « *Gengi, le mystérieux étalon de Mitterrand, enfin retrouvé* ». La France découvre cette résidence nichée dans un petit village de moins de quatre cents habitants, qui accueille les week-ends le Président et les siens. Le dernier sanctuaire de François Mitterrand... Ce dernier est furieux; son entourage, gagné par la panique. Il faut vite sortir de ce mauvais feuilleton qui menace la tranquillité d'Anne et de Mazarine, et éloigner les projecteurs de Souzy.

Cette fois, François Mitterrand prend lui-même les choses en main : « *Alexandre, ce serait bien de présenter le cheval aux Célestins.* » Et, comme l'écuyer tente de se défausser, arguant qu'un garde républicain ferait très bien l'affaire, la demande se fait présidentielle : « *Non, c'est vous qui l'avez préparé, c'est vous qui allez le monter.* »

Immédiatement, le service de presse de l'Élysée annonce dans un communiqué que le cheval serait présenté le 5 mai, à la caserne des Célestins, de la Garde républicaine. Le jour venu, photographes, journalistes, cameramen du monde entier se pressent boulevard Henri-IV. Jolie opération de communication où l'on raconte que le cheval était fort indocile, et qu'un écuyer courageux, Alexandre Gros, a accepté de le dompter. Le petit homme s'exécute avec prestance.

Les observateurs les plus avertis notent que le cheval est « soumis sous la selle », ce qui signifierait qu'il n'a pas été traumatisé par son long périple d'hiver. Seul le journaliste de *Libération* ose mettre en doute la version officielle qui veut que l'étalon ait toujours résidé à Rambouillet, sans jamais goûter les pâtures de Souzy. Il est repéré. « *Vous, je vais vous faire expulser* », menace le responsable du service de presse.

Seul Jean-Louis Gouraud s'interroge, le 6 mai 1994, dans un article de *Libération* : « *A-t-on le droit de mobiliser la Garde républicaine, l'appareil de l'État, une caserne... pour un cadeau privé ?* » La presse semble rassurée du sort de Gendjim qui, ment-on, s'en est tranquillement retourné dans son box de Rambouillet. En vérité, le pur-sang a retrouvé la fraîcheur de Souzy, où le Président, de plus en plus éprouvé par son cancer, l'a cédé solennellement à l'écuyer préféré de sa fille, avec les papiers d'identité de l'animal : « *Alexandre, je vous le confie.* » Encore aujourd'hui, celui qu'on surnomme désormais au village « le cheval du Président » coule une retraite heureuse, sur les surplombs du manoir présidentiel.

XIII

Match, le choc d'une photo

« – C'est du suicide, dit Terrier.
– Non, dit Maubert.
– Mais si. Sans parler des quatre motards, il y aura des flics dans les voitures. Ils vont nous tomber dessus immédiatement. Si on essaie de s'arracher, ils vont nous transformer en confettis. C'est complètement ridicule. Du suicide. »

Jean-Patrick Manchette, *La Position du tireur couché.*

Comme d'habitude, Isabelle Adjani se fait attendre. Elle ne sort pas de son hôtel particulier, cette après-midi-là, en ce jour de la mi-septembre 1994. Du côté de la sommeillante rue de Grenelle, les heures défilent et la star demeure plus insaisissable que jamais. Fatigués d'attendre, Sébastien Valiela et Pierre Suu, deux paparazzis d'une vingtaine d'années, entrent dans la boutique d'une commerçante du quartier, à la recherche d'un bon angle, ou d'un petit tuyau. Un adolescent, fasciné par le milieu de la photo, traîne dans la boutique de sa mère :

– *Pourquoi vous ne shootez pas Mazarine, la fille du Président ?*, fanfaronne-t-il. *Elle habite tout près d'ici. Je la vois souvent avec son copain.*

– *Qu'est-ce que tu racontes ? Mitterrand n'a que deux fils.*

– *Renseignez-vous ! Je peux vous montrer où elle habite.*

Intrigués, les deux hommes passent un coup de fil aux patrons de l'agence Sphinx, Pascal Rostain et Bruno Mouron. Figures incontournables du métier, ces deux paparazzis de haut vol affichent à leur palmarès quelques-uns des plus spectaculaires – et des plus tordus – « coups » des vingt dernières années : la tendre escapade de la princesse de Monaco et de Guillermo Vilas à Hawaï, Alexandre Soljenitsyne jouant au tennis dans sa propriété réputée imprenable du Vermont. Et, bien des années plus tard, en 2005, le fils caché du prince Albert né de sa liaison avec une jeune Française d'origine togolaise.

Les deux photographes connaissent aussi le Président pour l'avoir, entre deux « carolinades », « suivi » plusieurs fois à Latche à l'époque où ils travaillaient pour *Paris Match*. Les deux « rats », comme on se surnomme parfois dans le métier, gardent d'ailleurs une affection particulière pour le « Zident ». À l'inverse de Valéry Giscard d'Estaing ou de Jacques Chirac, François Mitterrand, tout en gardant ses distances, s'est toujours montré cordial avec les photographes, s'inquiétant pour eux lorsqu'il fait froid dans les Landes, réservant même parfois à leur intention une table dans un restaurant de Château-Chinon.

– *Une fille cachée? Bien sûr qu'on en a entendu parler. Faut essayer... Mais il la faut avec son père.*

Justement, lors d'un rendez-vous avec Jean Montaldo, l'auteur à sensation du best-seller *Mitterrand et les Quarante Voleurs*, Mouron apprend que le Président déjeune presque chaque mercredi avec sa fille dans les meilleurs restaurants parisiens. Suu et Valiela se mettent aussitôt au travail. La récompense tombe vite. À peine se postent-ils devant l'adresse indiquée par leur jeune «indic» qu'ils croisent une jeune fille en baskets, longs cheveux bruns et profil familier. Aucun doute, c'est bien elle, Mazarine, la fille du Président. Ils en sont certains.

La filature se révèle beaucoup plus facile qu'avec la fuyante héroïne de *L'Été meurtrier*. Mazarine est une fille de vingt ans à la fois studieuse et insouciante, piétonne assidue de cette rive gauche qu'elle n'abandonne que pour rejoindre l'École normale supérieure de Fontenay-aux-Roses, où elle vient d'être brillamment admise. Ses repaires sont ceux de la jeunesse germanopratine : la bibliothèque Sainte-Geneviève, la terrasse du Rostand, face au jardin du Luxembourg,

Le Petit Suisse ou le Café Bleu, pour un café en bande, les cinémas et les librairies du quartier. Autour d'elle, les deux photographes repèrent un petit ami, Ali, que Mazarine rejoint souvent chez lui, mais aucune surveillance particulière. Et encore moins de « Zident ».

Le 21 septembre, trois jours seulement après la première « planque », Suu et Valiela, qui trompent leur ennui autour d'un café au Pré aux Clercs, à l'angle de la rue Jacob et de la rue Bonaparte, sont rattrapés par la veine. À l'heure du déjeuner, une voiture banalisée s'engouffre rue Jacob, bloquant durant quelques instants la circulation, pour venir chercher Ali, Mazarine et une amie de celle-ci. Vite, les deux « espions » se ruent sur leur scooter. Le véhicule les mène jusqu'au Divellec, fameux restaurant de poisson fréquenté par le Tout-Paris politique, sur l'esplanade des Invalides. Le comité d'accueil – une dizaine de gendarmes en civil et plusieurs Renault Safrane – achève de convaincre le tandem que la maison accueille ce jour-là un hôte de marque. Ali pousse le premier la porte bleue de l'établissement, rejoint quelques minutes tard par Mazarine, qui a terminé le trajet à pied.

Planquer, mais où ? La vaste esplanade n'offre aucune zone de repli. Valiela et Suu doivent trouver un angle, vite. Ils finissent par se réfugier à plusieurs centaines de mètres du restaurant, à bonne distance de la sécurité présidentielle, mais aussi très loin de leur cible, derrière une rambarde bordant l'aérogare des Invalides. Recroquevillés derrière leur balustrade, l'œil vissé à leur 600 doublé – l'un des plus puissants téléobjectifs de Canon –, les deux snipers guettent, en priant que la valse des cars Air France ne vienne pas les priver d'un cliché en or. Prévenu par téléphone, Mouron encourage ses deux « hommes » comme un coach ses champions. « *Stressez pas, vous faites pas repérer...* » Au bout d'une heure et demie d'attente, ce qu'ils sont venus chercher finit par se produire : Ali, Anne Pingeot, Michel Charasse – ce jour-là, c'est lui qui a réservé la table – et Charles Salzmann quittent le Divellec, bientôt suivis de Mazarine... et du chef de l'État.

– *Putain, c'est Mitterrand !*

Les deux photographes mitraillent, pellicule après pellicule. Les deux derniers clichés sont les plus réussis. Le président de la République effleurant d'une main gracieuse et paternelle l'épaule de sa fille au moment de lui dire au revoir : plus qu'un « *geste tendre* », comme l'écrira un mois et demi plus tard *Paris Match*, une preuve d'intimité imparable. Un scoop en or. Distraits par l'arrivée inopinée du journaliste Ivan Levaï, qui vient d'emménager à quelques mètres du Divellec, les hommes d'Alain Le Caro ne repèrent rien du manège qui se joue à deux cents mètres de là, de l'autre côté de l'esplanade. Le petit groupe finit par s'égailler, Anne Pingeot sur sa bicyclette, les autres dans une voiture banalisée.

– *Qu'est-ce qu'on fait ?* murmure Valiela.
– *On bouge pas*, articule Suu.

Durant près d'un quart d'heure, les deux hommes restent là, sonnés par leur baraka, pétrifiés à l'idée d'être repérés. La voie est enfin libre. Ils filent alors à Montmartre, chez Sphinx, chargés de leur incroyable butin. Il faut encore patienter une heure avant que les tirages 10×15, format amateur, ne sortent du petit labo où l'agence a ses habitudes. Enfin, les voilà. Soulagement, les photos sont bonnes. Les photographes reconnaissent Anne Pingeot, sa bicyclette, Michel Charasse, Charles Salzmann et, perdu au milieu des autres, le cliché où François Mitterrand réajuste tendrement le manteau de sa fille.

– *Le geste, ça, c'est un scoop ! Vous avez assuré, les gars*, s'enthousiasme Mouron.

Le temps de doubler le format des tirages, d'opérer un choix serré – sept, huit photos, pas plus – et le patron de Sphinx file au nouveau siège de *Paris Match*, à Levallois-Perret. Ascenseur, septième étage, bureau de Michel Sola.

Directeur de la photo du magazine depuis 1973, l'homme a une réputation. Il a du métier et de la rigueur en affaires, un sang-froid à toute épreuve. Sola ne tutoie pas les photographes, même ceux qui, comme Mouron et Rostain, ont travaillé près de dix ans avec lui. Question de stratégie. Ignorant la poétique devise qui les toise sur le mur : « *Une merde exclusive reste une merde* », Mouron tend l'enveloppe. « *Voilà.* »

Sola détaille les clichés en silence. Comme tous les « historiques » de *Match*, il connaît sans vraiment connaître l'histoire de l'enfant caché du Président. Mais en tenir la preuve entre les mains, découvrir avant tous les autres ce visage d'un ovale si familier, couvé par le regard attendri d'un chef de l'État affaibli, cela lui coupe le souffle. Il doit quitter la pièce, le temps de s'asseoir et de reprendre ses esprits dans le petit bureau voisin. Puis, de nouveau barricadé dans son rôle d'intraitable négociateur :

– *Je vois pas trop ce qu'on peut en faire. Faut en parler à Roger. Vous pouvez me les laisser ?*

Roger, c'est Roger Thérond, le charismatique patron de *Paris Match*, « l'œil » et l'âme du magazine depuis qu'il en a pris les commandes, en 1962. « *Les photos doivent raconter une histoire.* Match, *c'est une conversation* », répète-t-il volontiers. « Roger », bien sûr, est fasciné. Huit jours plus tard, Mouron et Rostain reviennent aux nouvelles. Cette fois-ci, Thérond s'invite dans le bureau de Michel Sola :

– *Ça va pas être facile*, commence-t-il.

– *Oui, mais il faudrait qu'on sache si vous bloquez les photos ou non...*

– *On les bloque*, répond Thérond.

La négociation commence. «*Cinq cent mille*», lâche le directeur de la publication. Un peu plus, tentent les deux paparazzis. Thérond griffonne alors quelques croquis sur une feuille de papier. Il parle de «*tirages moyens*», de «*bonus*», de «*pourcentage sur les ventes*». Rostain et Mouron écoutent, guère convaincus par la démonstration. Mais sont-ils vraiment en position de force ? Rares sont les magazines à pouvoir publier un scoop aussi sensible. Après tout, cinq cent mille francs, cela représente une jolie somme. L'affaire est conclue sans signature de bons, «à l'ancienne». Mouron et Rostain peuvent alors quitter la scène. Plutôt contents.

Pour Roger Thérond, le plus difficile commence. L'homme à l'élégance glacée et aux enthousiasmes de marbre est tout sauf un courtisan des princes. Les photos sont comme il les aime, fortes, émouvantes, inédites. Pourtant, il hésite. Personne ne s'en est jamais pris à Mazarine. Plutôt que d'attaquer de front le Président, il faut l'approcher sans brusquerie, guetter sa réaction par les soins d'un homme apprécié, introduit sans trop l'être dans les cercles élyséens.

Qui jouera les *missi dominici* ? Thérond ne connaît pas personnellement le président de la République, mais il a une petite idée. Franck Ténot, l'associé de Daniel Filipacchi, est un vieil ami de Roland Dumas. Il pourrait nouer un premier contact. Il y a aussi Stéphane Denis, la plume du

Quotidien de Paris qui vient de passer à *Match*, et qui a toujours eu ses entrées au Château. Sans être un intime, le journaliste connaît en effet depuis longtemps le chef de l'État : son père a croisé François Mitterrand durant la guerre et dans le Nièvre. Il fréquente aussi un peu les Dumas et Trevesse, la propriété des Grossouvre. Le chef de l'État apprécie sa culture d'anar de droite, sa conversation insolente qu'il déroule lors de promenades improvisées.

– *Que diront de moi vos amis de la droite si je me représente ?* l'avait-il questionné un jour de 1988.

– *Que vous êtes de gauche et que vous êtes vieux*, avait laissé fuser Stéphane Denis.

Lors d'un dîner avenue Raphaël, chez Roger Thérond, le journaliste se laisse raconter l'incroyable scoop.

– *Bon, qu'est-ce qu'on fait ?* demande le patron de *Match*.

– *On y va*, frétille Denis.

L'affaire ne doit surtout pas être ébruitée. Le système Thérond est ainsi, forgé sur quelques préceptes immuables. On protège absolument ses sources : «*Je ne confirme ni n'infirme*», répétait invariablement le patron de *Match* jusqu'à sa mort, en 2001, chaque fois que l'on s'aventurait à l'interroger sur un «sujet» paru. On ne parle pas, même aux collaborateurs. Ni Michel Gonod, chef du service politique, ni Claude Azoulay, photographe attitré du Président à la rédaction, ne seront associés à «l'opération Mazarine». Ce dernier apprendra le scoop de son hebdo par... l'Élysée lui-même, la veille de sa livraison dans les kiosques.

Entre Thérond, maître ès «coups» journalistiques, et Mitterrand, orfèvre des diplomaties parallèles, une fine partie commence alors. Elle sera leur chef-d'œuvre commun. Qui peut en effet dire avec précision, alors que plus de dix ans ont passé depuis la fameuse édition datée du 10 novembre 1994 et que tout enjeu a disparu, la pièce qui s'est réellement jouée entre l'hebdomadaire et la rue du Faubourg-Saint-Honoré? Entre le feu vert et le feu orange – ou franchement rouge, comme le prétend toujours Roland Dumas –, les versions continuent de diverger. Et si c'était les trois à la fois?

François Mitterrand, en tout cas, a vu et commenté les photos. Fin octobre, Stéphane Denis prend rendez-vous à l'Élysée. Le journaliste de *Match* pose sur le bureau de Paulette Decraene, fidèle collaboratrice du Président, les planches-contact : «*Voilà, nous voudrions publier cela. Mais pas sans l'accord, au moins tacite, du Président. Voulez-vous vous charger de la démarche?*» Paulette Decraene pousse la porte du bureau présidentiel. Le chef de l'État commence par chausser ses lunettes, et détaille les photos étalées sur la table. Dans un silence pesant, ménageant son suspense, il finit par lâcher devant sa secrétaire :

– Elle est belle, n'est-ce pas ? Publier cela ? Je ne me crois pas le droit de l'interdire...

Que se passe-t-il ensuite exactement, dans le huis clos du bureau présidentiel ? La vérité se cache peut-être dans les pages de *Elle a maigri pour le festival*, un petit livre publié par Stéphane Denis en 2000 et couronné du Goncourt de la nouvelle. Le premier récit, qui donne son titre au livre, laisse aisément deviner Adjani derrière « Isabelle » et ses lunettes noires. L'avant-dernière, très documentée et intitulée « C'est tout de même une belle histoire » est passée plus inaperçue. Elle met en scène une négociation serrée entre un journaliste et un président de la République malade, père d'une fille naturelle, autour de photos prises « *de l'immeuble d'Air France* » vers un restaurant parisien. Le « *Vieux* » convoque au Château le journaliste, qui pose les maquettes sur la table.

Extraits : « *Il les a regardées longuement, comme s'il ne parvenait pas à s'en défaire. Il voulait se rendre compte de tout ce que nous avions vu, de ce qu'il y avait derrière les photos et que nous savions.*

– Il n'y aura que ces photos-là, et des textes du genre de ceux que je vous montre.

Il a repris les textes un à un, s'arrêtant sur chaque mot, après quoi nous avons passé les photos en revue.

– Ça serait mieux si... Enfin, je n'aime pas beaucoup celle-ci.

Il avait posé le doigt sur une bicyclette. La bicyclette de la mère de sa fille.

– On voit la bicyclette, pas elle, dis-je. Elle est derrière le poteau. Il vaut mieux voir la bicyclette.

– On ne peut pas la supprimer ?

– On ne peut pas tout supprimer. Il faut en laisser pour le lecteur. [...] *Alors, qu'est-ce que je leur dis ?*

– Rien. Les journaux font ce qu'ils veulent.

– Vous ne saisirez pas, vrai ?

– Je ne saisirai pas. Est-ce que je peux avoir un délai ?

– Bien sûr. [...] *Disons trois semaines ?*

– Deux mois ?

– Trois semaines. Ce sera déjà formidable s'ils tiennent leur langue jusque-là, ajoute le héros en évoquant la direction de son titre. Mais, avec nous, ce sera propre. Je vous le promets. [...]

– C'est tout de même une belle histoire, hein ? »

Une fois accomplie sa mission de messager, Stéphane Denis quitte l'Élysée, laissant François Mitterrand seul à ses réflexions. Le président socialiste est alors un souverain en fin de règne. Un homme malade, qui gère de plus en plus les affaires du pays de son lit, où il se repose après une deuxième opération, subie le 18 juillet, due à son cancer de la prostate. Avant de partir, il se doit, comme il le glisse parfois, de « *mettre ses affaires en ordre* ». Son immunité familiale ne tient plus qu'à un fil. Ils sont plus nombreux, désormais, à connaître l'existence de Mazarine, elle-même de moins en moins hésitante à s'aventurer dans les sphères autrefois interdites.

Et si les photos de *Match* étaient un coup de chance ? Père et fille, en tout cas, sont prêts. Un événement en témoigne. En cette première semaine d'octobre, l'empereur du Japon, Akihito, se trouve en voyage officiel en France. Durant son année de khâgne moderne, Mazarine s'est prise de passion pour ce pays, inscrit au programme «*De l'ère Meiji à nos jours*». Son père le sait et lui fait envoyer un carton d'invitation. Ainsi, le 3 octobre, pour la première fois, l'enfant illégitime franchit officiellement les grilles du palais de l'Élysée pour assister au dîner d'État offert en l'honneur de l'empereur. À la fin du repas, François s'approche de sa fille et de son petit ami, Ali, qui l'accompagne, pour la présenter au couple impérial. Seuls quelques initiés comprennent. « *Qui est cette jeune fille ?* » demande candidement une nièce du Président à l'attachée de presse Élisabeth Normand. Silence gêné. Lorsqu'elle apprendra la vérité, un mois plus tard, dans *Paris Match*, Geneviève Delachenal, la plus jeune sœur de François Mitterrand, fondra en larmes.

Cette seconde naissance, que Mazarine appelle et redoute à la fois, le père la lui doit avant de mourir. Mais quand François fait part à Anne des approches de *Paris Match*, celle-ci est ennuyée. Sa fille en couverture d'un hebdomadaire à si gros tirage, comment l'idée pourrait-elle séduire la si farouche conservatrice d'Orsay ? François entend, soupèse. Surtout, il y a Danielle, son épouse, qui se remet difficilement d'une terrible et double intervention à cœur ouvert subie à l'hôpital Broussais, le 15 juillet. « *Ce que j'ai subi, à côté de ce que Danielle vient de traverser, ce n'est rien* », confie-t-il à l'époque à Georgina Dufoix. Le choc, pour sa femme, serait terrible.

Alors Mitterrand se ravise. Ou du moins le fait-il croire, variant, comme à son habitude, son discours selon ses interlocuteurs. À Paulette Decraene et Anne Lauvergeon, la secrétaire générale adjointe de l'Élysée dont il a fait la confidente et le « sherpa » de ses derniers jours, il demande de suivre de près l'opération *Paris Match* et d'obtenir un délai. Les collaboratrices de l'Élysée préviennent Marianne Delmaire, rue de Solférino : « *Une photo va paraître. Tu pourras raconter.* » « *Jusqu'où ?* » interroge l'archiviste du PS. « *Je vous laisse juge* », lui répond le chef de l'État.

Mais à Roland Dumas, qu'il reçoit dans l'appartement présidentiel de l'Élysée, le Président, fatigué, exige la plus grande fermeté : « *Et maintenant, ils s'en prennent à ma vie privée ! Je ne veux pas que ces photos paraissent. Faites en sorte qu'elles ne soient pas publiées !* » L'ancien ministre des Affaires étrangères organise un déjeuner avec

Franck Ténot au Pichet, célèbre restaurant de coquillages situé à deux pas des Champs-Élysées. À la table numéro 7, l'ancien avocat se fait pressant. «*Dis-lui que nous ne publierons rien sans son accord*», promet Ténot. Mais quand Dumas rapporte, triomphant, la conversation à l'Élysée, François Mitterrand ne semble pas autrement soulagé. Dumas ne comprend plus.

– *Bon, vous voulez ou vous ne voulez pas qu'elles sortent ?*

– *Je ne veux pas*, répète Mitterrand sans conviction.

Il est de toute façon déjà trop tard. Philippe Alexandre s'apprête à publier chez Albin Michel un virulent *Plaidoyer impossible pour un vieux Président abandonné par les siens* où il compte briser le tabou de la famille cachée du Président. Le célèbre chroniqueur de RTL n'évoque qu'en quelques lignes la «*famille morganatique*». Le prénom de Mazarine n'y figure même pas noir sur blanc, censuré au dernier moment par l'avocat de l'éditeur. Mais pour Thérond, la coïncidence, si c'en est une, est trop belle. Le pamphlet d'Alexandre représente une occasion – et une caution – en or. *Match* n'est plus seul. François Mitterrand, ajoute Stéphane Denis, ne se risquerait de toute façon pas à porter l'affaire en justice, lui qui, en 1964, avait témoigné en faveur de l'écrivain Jacques Laurent, poursuivi pour offense à l'État après la parution de son redoutable *Mauriac sous de Gaulle*. Cette fois,

Thérond est décidé. Avec ou sans l'accord de l'Élysée, il va publier son scoop.

À Levallois-Perret, une mini-cellule Mazarine s'affaire. Le week-end de la Toussaint s'offre comme un parfait paravent contre les indiscrétions. Les pages sont gardées secrètes, et remplacées, sur le chemin de fer épinglé au mur, par un leurre. L'Élysée est tout de même prévenu. Le lundi de la Toussaint, François Mitterrand téléphone à sa belle-sœur, Christine Gouze-Rénal.

– *Allez tout de suite voir Danielle, qu'elle ne prenne pas ça de plein fouet. Je sais qu'elle est au courant mais je ne sais pas comment elle prendra le fait que ce soit public. Restez auprès d'elle, je vous en prie.*

Le Président appelle aussi Mazarine, le matin de la publication :

– *Prépare-toi*, lui dit-il.

Le 3 novembre, la France découvre, ébahie, l'existence de la fille cachée du Président. Son regard frondeur, sa longue chevelure brune séparée par une raie sage et romantique empruntant aux héroïnes de Thomas Hardy s'affichent sur tous les kiosques de l'Hexagone. « *Mitterrand et sa fille* », titre le magazine, qui promet le « *bouleversant récit d'une double vie* ». À l'intérieur, plusieurs pages d'une tendresse floutée entre un homme au soir de sa vie et une jeune femme qui débute la sienne.

«L'œil» de Thérond n'a négligé aucun détail : la photo de la jeune fille est placée en couverture juste sous le logo de *Match*, assurant, à chaque reprise, une publicité maximale au magazine. Tiré à plus d'un million d'exemplaires, le scoop passionne cinq millions de lecteurs et fait l'effet d'une bombe. Pendant que la presse anglo-saxonne, interloquée, tente de comprendre comment le secret a pu tenir aussi longtemps, les restaurants où s'attable le Paris qui compte ne bruissent que du prénom de Mazarine. Éclipsée, la candidature à l'élection présidentielle que vient d'annoncer Jacques Chirac dans les colonnes de *La Voix du Nord* ! Conseillers de l'Élysée et militants socialistes tombent des nues.

Dans le Landernau politique, on s'indigne comme un seul homme de cette intrusion inédite dans le jardin privé d'un Président : Henri Emmanuelli, premier secrétaire du PS, parle d'«*extrême médiocrité*», d'«*extraordinaire bassesse*». «*Personnellement, je ne suis pas favorable à ce genre de choses, je le déplore*», bougonne Charles Pasqua, ministre de l'Intérieur. «*Il serait regrettable que, sous le faux prétexte d'une hypocrite tornade blanche, la profession tombe dans le caniveau de certains confrères anglo-saxons*», prophétise sans nuances Jean Miot, président de la Fédération nationale de la presse française (FNPF). Même Françoise Giroud, l'auteur de ce *Bon Plaisir* publié onze ans plus tôt – Mazarine était alors mineure –, y va de son petit sermon, évoquant des «*mœurs de goujat*». Roger Thérond et Daniel Filipacchi s'étranglent. Quelques jours plus tard, le groupe Hachette, propriétaire de *Match*, annonce la suppression de sa cotisation à la FNPF et le licenciement de Françoise Giroud du *Journal du dimanche*, autre fleuron du groupe, où la journaliste tenait une chronique littéraire.

Dans ce vacarme national, seuls François Mitterrand et son épouse, Danielle, gardent le silence. Depuis sa sortie de l'hôpital Broussais, fin juillet, l'épouse du Président ne quitte plus son domicile, où elle se repose et semble morte à la vie. Sa grave dépression inquiète ses proches. Est-ce pour éviter un huis clos conjugal pénible que deux jours après la révélation de l'existence de Mazarine, le Président invite le journaliste Georges-Marc Benamou à déjeuner rue de Bièvre ? Une présence étrangère permettrait peut-être d'éviter les sujets qui fâchent.

À peine pénètre-t-il dans la petite salle à manger années 1970 meublée Knoll, que l'ancien journaliste de *Globe*, qui prépare un livre d'entretiens avec le Président, décèle le malaise. Autour de la table, l'ambiance est de plomb, la conversation laborieuse, malgré la présence de Christine Gouze-Rénal et de Jean-Christophe Mitterrand. Le Président fait tout ce qu'il peut pour dérider son épouse. Il évoque le prochain déménagement de sa fondation, improvise même un éloge du peuple sahraoui. Rien n'y fait. Danielle reste muette, l'œil perdu dans son assiette.

« *Ah, vous êtes tombé dans une maison d'éclopés* », plaisante François Mitterrand auprès de son invité, gêné. Cette fois, Danielle se détend légèrement. Soulagé, Mitterrand poursuit : « *On devrait peut-être nous mettre dans un hospice de vieillards. N'est-ce pas, Danielle ? On prendrait quelques meubles, hein ? Qu'en penses-tu ?* » Peu à peu, Danielle sort de son mutisme. À la fin du repas, l'épouse blessée cède brutalement à la rage, passant sa colère sur un figurant de l'épisode : « *Ah, si je tombais sur ce Philippe Alexandre, je le giflerais...* »

Mitterrand ne dit rien, mais il est heureux. Ses seuls griefs sont d'ordre sémantique : « *Fille naturelle, quel mot affreux ! Pourquoi ne disent-ils pas tout simplement : la fille de Mitterrand ?* » se plaint-il devant des proches.

La très délicate « opération Mazarine » a réussi, sans causer trop de dommages. Sur les radios, aux comptoirs des bistrots, dans les sondages, les Français ont pardonné, attendris par ce chapitre inédit de la vie romanesque de leur Président. « *Il fallait bien que ça sorte*, confie-t-il, dans un mélange de fierté et de soulagement à Christian Prouteau. *Elle est grande, il faut qu'elle vive.* » Le Président ne se lasse pas de feuilleter ce *Match* qui consacre sa fille. À l'Élysée, au restaurant, devant ses collaborateurs ou ses amis, il pointe le visage de Mazarine, rayonnant : « *Elle est jolie, hein ? Elle a un petit air d'Adjani...* »

XIV

Jarnac, la victoire d'Anne

> « *Nos souvenirs, ce sont des tombes.*
> *Là aussi sont nos secrets.* »
>
> Jacques Chardonne.

Le 17 mai 1995, à l'issue d'un ultime tête-à-tête où il est question de dissuasion nucléaire mais aussi des colverts du jardin du 55, rue du Faubourg-Saint-Honoré, Jacques Chirac descend les marches du palais de l'Élysée. D'un geste discret, François Mitterrand lui fait comprendre qu'il ne souhaite pas être raccompagné jusqu'aux grilles. Le Président veut quitter la scène seul. Au fond de la voiture, fragile, recroquevillée sur le siège arrière, son épouse, Danielle.

Un peu plus tard, à la petite cérémonie d'adieu organisée rue de Solférino, les camarades socialistes ont prévu de lui offrir un cadeau. «*Je n'ai besoin de rien*», répond-il, un peu agacé. Mais la Twingo verte a déjà été achetée. «*Vous l'offrirez à vos petits-enfants*», suggèrent les uns. «*Elle vous servira à Latche*», insistent les autres. Le Président finit par se laisser convaincre, comme s'il savait déjà qu'il allait en faire présent à Mazarine.

Quatorze ans de règne s'achèvent, déjà balisés dans les pages des livres d'histoire : l'abolition de la peine de mort, les télés privées et les radios libres, le Grand Louvre, la main d'Helmut Kohl tenue dans la sienne à Verdun, le discours du Bundestag... François Mitterrand quitte le perron de l'Élysée mais se trouve déjà dans l'antichambre de la mort. Depuis le début des années 1990, ce sont les Pelat et les Tapie qui défraient la chronique judiciaire et assomment les Français à coups de délits d'initiés, de trafics d'influence, d'abus de biens sociaux et de mises en examen. Avec la cinglante défaite aux législatives, le suicide de Pierre Bérégovoy, le 1er mai 1993, puis, à l'Élysée, celui de François de Grossouvre, font peser sur cette fin de règne une odeur de mort et finissent de désespérer la gauche. Certains, rue de Solférino, parlent déjà de «*droit d'inventaire*».

François Mitterrand ne veut pas seulement maîtriser sa mort, il veut fabriquer lui-même sa figure posthume, forger de son vivant son identité historique. Pierre Péan vient de raconter sa jeunesse française. Grâce à *Paris Match*, il a rendu sa liberté à Mazarine. Il a philosophé à deux voix avec le prix Nobel de la paix Elie Wiesel, et se réjouit que Jean

Lacouture, qui vient de le solliciter pour des entretiens, ait choisi de le faire entrer dans son panthéon de biographe, aux côtés du général de Gaulle, de Léon Blum et de Pierre Mendès France.

Ne resterait, au fond, qu'à réunir ses vies parallèles. En a-t-il vraiment envie ? « *L'Histoire ne pardonne pas aux familles divisées* », confiait-il au *Parisien libéré*, le 2 février 1984. François Mitterrand s'essaie parfois par petites touches, sans y croire vraiment, à rapprocher les morceaux de son existence, mais c'est comme si le puzzle ne se formait jamais. Il présente Mazarine à son beau-frère, Roger Hanin, mais ne parvient pas à faire de même avec sa famille. Un soir, Robert Mitterrand, son frère aîné et confident, avec lequel il partageait pourtant le petit-déjeuner tous les mercredis matin, à huit heures, avant le Conseil des ministres, entre dans un restaurant où il dîne avec Mazarine et Anne. Pris de court, le Président lâche cet étrange aveu : « *Voilà mes deux femmes.* » Alors qu'il sent sa fin approcher, il lance une ultime tentative : « *Je vais organiser un déjeuner avec toi et Arlette*, promet-il à Robert Mitterrand. *Mazarine sera ravie de vous connaître.* » Mais le repas n'a pas lieu.

Anne Pingeot, de toute façon, ne tient pas à cette incongrue réunion de famille. Elle ne souhaite pas plus connaître la parentèle officielle qu'apparaître au grand jour. Au risque de falsifier l'histoire, elle ne veut pas non plus figurer dans le raz-de-marée éditorial qui s'ébauche. Raconter François Mitterrand à son voisin de Roussillon, Jean Lacouture, très bien. Mais à la condition de n'apparaître qu'en quelques lignes sur le bon millier de pages que comptent les deux tomes de la biographie.

François Mitterrand a réussi ses paris : être élu deux fois au suffrage universel, dompter la maladie jusqu'à la fin de son dernier mandat. Mais maintenant qu'il est redevenu un citoyen presque comme les autres, où aller ? Ni rue de Bièvre ni à Latche : Anne ne comprendrait pas, et il lui deviendrait impossible de voir Mazarine. Il ne dispose plus du cinq-pièces du quai Branly, dont Laurence Soudet a déjà organisé le déménagement. Il accepte donc l'un des appartements mis à disposition par l'État pour les anciens présidents de la République, au 9, avenue Frédéric-Le-Play, au coin de l'avenue de La Motte-Picquet, dans le VIIe arrondissement de Paris.

« Le Play » est un lieu sans âme et sans mémoire, dans un arrondissement cossu jusqu'à l'ennui. Exactement ce qu'il lui faut pour ses derniers jours, se dit-il. Le Champ-de-Mars, où le Président peut, lorsque son corps l'y autorise encore, se promener avec Baltique. L'appartement, surtout, est vaste. Ses deux cent quarante mètres carrés peuvent se diviser en bureaux et en appartements, dans lesquels Anne peut « *camper* », comme dit sa fille, et rejoindre le matin le musée d'Orsay à vélo.

Mazarine, elle, s'installe dans le petit bureau qui jouxte la chambre de son père pour peaufiner son mémoire de maîtrise sur l'« Unité dans *La Critique de la raison pure* », avant de repartir le soir, rue Jacob. De temps en temps, elle s'allonge sur le lit, à côté de lui, et lit des essais sur Kant que François Mitterrand s'amuse à ne pas comprendre. Avec l'Europe, en politique, elle est son ultime passion. « *J'ai moins mal quand elle est là* », souffle le Président à ses visiteurs.

Comme lors de la dernière hospitalisation du Président au Val-de-Grâce, en juillet 1994, Le Play est le théâtre d'un pénible ballet courtelinesque. Lorsque Danielle fait son entrée, Anne s'éclipse. L'épouse légitime annonce sa visite, les huissiers s'empressent de prévenir la compagne. Quand ils en ont le temps. Car Danielle prend souvent un malin plaisir à se présenter à l'improviste, entre deux allers-retours à Latche. Heureusement, les gendarmes du GSPR et le Dr Tarot veillent et prennent soin d'éviter les rencontres inopportunes.

De toute la famille Mitterrand, Jean-Christophe est le seul à pouvoir se présenter sans prévenir. Voilà deux ans en effet que l'aîné des fils du Président connaît sa demi-sœur. Un jour d'automne 1993, à Latche, il avait confié à son père : « *J'aimerais rencontrer Mazarine.* » Gilbert, comme François, n'aime guère se livrer. Les confidences, les personnes qui s'épanchent et font étalage de leurs sentiments l'indisposent. Son frère, Jean-Christophe, lui, a besoin de savoir. «*Écoute, papa, j'ai cinquante ans. Il y a des secrets qui sont ridicules.*» Son père écoute, et propose : «*Je te donne son numéro de téléphone.*» Jean-Christophe – fait rare – se fâche contre lui : «*Ah non ! C'est trop facile. C'est toi qui l'appelles, et qui lui demandes.*»

Le rendez-vous est organisé avec un soin immense. De sa vie, François Mitterrand n'a jamais autant téléphoné à son fils que les jours qui précèdent et suivent ce délicat tête-à-tête. Jean-Christophe choisit un restaurant en vue de l'Alma, Marius et Jeannette. Il a pris de l'avance, s'installe en face de la porte. Mazarine arrive à son tour, emmitouflée dans un châle. «*Pas de mal à te reconnaître*», lance-t-il pour briser la glace, alors que sa demi-sœur prend place à table. Il dessine avec ses mains un rectangle qui encadre ses joues et son nez : «*Sous les yeux, tu es tout Gilbert*»... Mazarine raconte son petit ami, sa vie d'étudiante. Le dîner se prolonge, frère et sœur quittent les derniers le restaurant. Aussitôt, François Mitterrand cherche à le joindre. Alors ? Jean-Christophe dit tout le bien qu'il pense de Mazarine.

D'autres présentations sont plus improvisées. Un jour, Danielle se présente avenue Frédéric-Le-Play. Anne se trouve au musée, mais à côté de la chambre du malade, Mazarine est là, plongée dans ses livres. «*François, on peut en parler. Tu ne vas pas la cacher*», presse l'épouse au chevet de son mari. François Mitterrand appelle sa fille. Mazarine pousse la porte, et découvre, au pied du lit, une frêle femme aux cheveux noirs, au visage chiffonné, qu'elle connaît bien pour l'avoir si souvent vue à la télévision et dans les journaux aux côtés de son père.

– *Je te présente Danielle. Danielle, voilà Mazarine.*

La jeune fille bredouille un «*Bonjour*», tente un sourire gêné.

– *Bonjour, Mazarine*, dit Danielle en l'embrassant.

– *Tu sais, Mazarine s'intéresse beaucoup aux autres*, reprend vite son époux. *Elle est très admirative de ce que tu fais à la fondation et commence à s'occuper de l'alphabétisation des femmes arabes dans les quartiers difficiles.*

La fin d'année approche. François Mitterrand et Anne Pingeot veulent passer Noël en Égypte, même si beaucoup déconseillent le périple au malade. Mazarine, elle, se fait prier. Elle n'a pas du tout envie de quitter la France et veut retrouver pour les fêtes ses cousins de Clermont-Ferrand. La jeune fille finit par céder. Le 24 décembre 1995, Mazarine, ses parents, Agnès, la sœur d'Anne, la famille Tarot, ainsi qu'André Rousselet et son épouse prennent place dans l'avion qu'Hosni Moubarak a mis à la disposition de son ami.

Assouan est pour François Mitterrand le plus bel endroit au monde. Du balcon en bois de la suite de l'Old Cataract, où il s'est installé cette année encore, il peut contempler ce Nil qui lui donne le sentiment d'être «*mélangé à l'univers, le lendemain de la création du monde*». Son corps est sans force, son pas fragile, mais il marche encore, soutenu par Anne et son médecin. Le 25, il décide de rejoindre en felouque l'île Éléphantine.

De cette dernière et épuisante escapade, l'ancien chef de l'État ne se remettra pas. Les jours suivants, il oublie de passer sa chemise à carreaux et son pantalon de velours, ne quitte pas sa robe de chambre. Il saisit la main de Mazarine dès qu'il l'aperçoit, mais la jeune fille fuit cette mort qu'elle pressent et préfère retrouver Ali et Matthieu Tarot au bord de la piscine. Mazarine évite aussi sa mère, triste, épuisée à force de jouer les gardes-malades. Sous le parasol, coiffée du chapeau de soleil à ruban rouge et noir de François Mitterrand qui la protège des regards, elle nourrit patiemment celui qu'elle aime sans faiblir.

Le Président souhaite-t-il mourir là, aux côtés d'Anne et de leur fille, à l'ombre grandiose des pyramides ? Peut-être. Il décide de ne rentrer en France que le 2 janvier, et en fait part au chef de l'État égyptien. Mais Mazarine voudrait au moins retrouver ses cousins à Clermont pour le réveillon. Le 29 décembre 1995, l'avion se pose à Biarritz pour permettre au Président de regagner Latche, où Danielle improvise le dîner de la Saint-Sylvestre, à voix basse, au téléphone. Le Président, pour la première fois, ne pense ni ne dessine de plan de table. Il semble à bout de souffle et d'envies.

Les habitués sont là. Roger Hanin et Christine Gouze-Rénal. Jean-Christophe Mitterrand, qui n'a pas pu trouver d'ortolans dans son département du Gers, est sauvé par Henri Emmanuelli, venu en voisin, qui s'est fait livrer ces petits oiseaux par un ami militant socialiste et braconnier. Pierre Bergé, enfin, a emmené avec lui le journaliste Georges-Marc Benamou qui réalise des entretiens avec le Président pour l'éditrice Odile Jacob. Sous-jacente, durant ce réveillon, une petite querelle, lancée par Danielle, sur celui des deux époux qui sortira son livre le premier. *Mémoires interrompus* ou *En toutes libertés* ? Odile Jacob ou Ramsay ? De guerre lasse, le mari cède aux préséances. Il n'a plus la force de discuter.

Ce soir-là, il souffre en effet plus que de coutume. « *C'est comme si j'avais la Gestapo en moi* », murmure-t-il à Jack Lang. Dans la chaise longue qu'on a placée près de la longue table, il goûte du bout des lèvres un ortolan, quand il les croquait naguère goulûment, os compris, en nombre. Bien avant minuit, Jean-Christophe le raccompagne à sa chambre, en lui tenant le bras. Son père ne veut pas qu'on le voie diminué. En octobre, à sa grande honte, il avait pensé Édouard Balladur mais prononcé Georges Pompidou, à plusieurs reprises, devant un interlocuteur. Il est maintenant convaincu que les métastases vont gagner son cerveau. Ce soir-là, personne ne le comprend, il décide de cesser de s'alimenter.

Pendant que son père se laisse mourir, Mazarine, elle, fait tout pour conjurer le pire. «*Arrête de te plaindre!*» le taquine-t-elle. Le 7 janvier, la jeune fille invite sa tante, sa cousine et des amis à déjeuner. Elle veut un repas gai. Elle en fait presque trop. À sa famille de Clermont, elle affirme que son père se porte très bien, refusant la vérité comme souvent le font les enfants. Mazarine s'agace du masque de pleureuse de sa mère, qu'elle tente d'attirer à table. En vain. Anne ne veut pas quitter François.

Ce jour-là, le mourant fait savoir qu'il refuse toute visite. Mais Danielle a quitté Latche pour Paris. Vers vingt heures, en accueillant Gilbert et sa mère avenue Frédéric-Le-Play, le Dr Tarot tourne et retourne les mots dans sa bouche : «*Ne m'en veuillez pas, ne lui en voulez pas, mais il ne veut voir personne.*» Gilbert obéit. Danielle ne comprend pas. Elle refuse ce bannissement, force l'entrée de la chambre du Président et sanglote lorsqu'on la reconduit, comme si elle venait de comprendre que son mari ne lui appartenait plus.

Quelques jours plus tôt, Anne, elle, a attiré sa fille près d'elle. « *On a tout organisé pour le cimetière. Papa sera enterré à Jarnac, comme il l'a choisi.* » Mazarine s'étonne que l'on puisse évoquer l'enterrement de son père alors que celui-ci se trouve dans la chambre d'à côté, bien vivant. Mais elle saisit dans le ton de sa mère une nuance étrange. Un ton de victoire.

Elle n'a pas tort. Peu importe à Anne d'exister aux yeux des Français. Peu lui importe de demeurer inconnue de la Mitterrandie officielle. François a refusé de divorcer, il n'a pas voulu l'épouser. Mais, alors que l'homme qu'elle aime depuis plus de trente ans se trouve au seuil de la mort, elle ne peut l'imaginer reposer aux côtés d'une autre, si officielle fût-elle. Elle sait désormais qu'il a choisi Jarnac, dans l'unique et dernière tombe disponible du caveau familial. Elle sait aussi que lui, l'agnostique, qu'elle a accompagné vers la découverte du sacré, a accepté une messe de funérailles.

Danielle la laïcarde n'avait rien voulu de tel. À l'été 1994, alors en pleine convalescence de sa double opération du cœur, elle avait évoqué leurs obsèques communes devant son mari :

– *Est-ce que tu viens avec nous, chez Christine, à Cluny ?*

– *Tu sais combien j'aime Cluny, mais mon berceau familial, c'est Jarnac*, lui répond François.

– *Je n'irai sûrement pas à Jarnac*, cingle Danielle, *dans un caveau dont les cercueils sont dans des tiroirs. Je viens de la terre et je veux retourner à la terre.*

– *On ne sera donc pas enterrés ensemble. Nous sommes morvandiaux. Depuis 1943, tu es enracinée en Bourgogne, entre Cluny et Château-Chinon...*

– *Pourquoi ne serions-nous pas enterrés au cimetière de Château-Chinon ?*

– *Pas très attractif*, répond le Président.

– *Et sur le mont Beuvray que tu aimes tant ?*

Si ce ne peut être « son » Cluny, si ça n'est pas Château-Chinon, il faut bien trouver autre chose. Pourquoi pas, alors, ce haut lieu du Morvan qui surplombe sa Bourgogne d'adoption, et que François vénère depuis de longues années ? « *Le mont Beuvray*, rappelle-t-elle à son mari, *c'est la frontière entre deux départements, la Nièvre et la Saône-et-Loire. Ta terre politique et mon département de naissance.* » Du mont Beuvray, par beau temps, on aperçoit l'océan, le Jura et les Alpes. Surtout, à son pied, se trouve l'antique cité disparue de Bibracte, où l'Arverne Vercingétorix a été consacré chef des Gaulois – « *la première forme de l'unité française* », expliquait le Président. À son sommet, racontaient les druides, on tutoie l'éternité. L'éternité ? L'idée ne déplaît pas à François Mitterrand.

Les repérages se font dans la discrétion. Principal obstacle, le mont Beuvray est situé dans un parc naturel régional. Les terres y sont donc inaliénables. Le 4 avril 1995, le Président se rend sur place pour inaugurer le Centre archéologique européen. Son successeur à la mairie de Château-Chinon, le Dr René-Pierre Signé, obtient sans difficulté de ses collègues du conseil d'administration du parc un are de terres, pour un franc symbolique. L'acte de session est signé le 17 mai 1995, jour du départ de François Mitterrand de l'Élysée. Mais *L'Événement du jeudi* découvre l'affaire. L'hebdomadaire publie les photos de la parcelle présidentielle, déjà entourée d'un ruban de chantier rouge et blanc. Personne ne veut y croire. Tant de mégalomanie ! La droite locale dénonce un abus de pouvoir. Les mitterrandiens, abasourdis, nient en bloc. La sépulture est violée. Le Président rend les armes sans avoir vraiment mené bataille. Tant pis pour Danielle et pour l'Histoire. Ce sera Jarnac. Seul.

Ce dimanche 7 janvier, Mazarine va embrasser son père, inconscient, avant de rejoindre sa bande d'amis rue Jacob. La nuit est longue, enfumée et bavarde. Allongés sur des matelas, les jeunes gens trompent les heures en regardant des films. À six heures du matin, Anne Pingeot entre dans la chambre de Mazarine, enfin endormie. « *Papa est mort cette nuit*, dit-elle d'une voix blanche. *Tu veux venir le voir avant qu'on ne l'annonce et que les visiteurs n'arrivent ?* »

Agences, radios et télés annonceront la mort du Président à huit heures du matin. Deux heures après le décès. Deux heures de différence, deux heures à elles, volées. Mère et fille sont les premières à voir le profil de granit du défunt, qui évoque à la première la solennité dix-neuvièmiste du masque de Victor Hugo gisant sur son lit de mort. Jean-Pierre Tarot a respecté scrupuleusement les consignes de son patient, qui avait dressé l'ordre précis des personnes à prévenir, une fois poussé son dernier soupir. Mazarine demande qu'on la laisse dans la chambre, seule, avant que Danielle et ses frères n'arrivent, avant que Jacques Chirac ne vienne saluer le corps. Dans le silence matinal de l'immeuble endormi, Mazarine hurle à la mort. Sa mère, sourde de douleur, s'en est déjà retournée, comme tous les matins, au musée d'Orsay. À neuf heures du matin, Laurence Soudet lui téléphone. « *Tu veux que l'on se voie ?* » propose-t-elle à son amie qui pleure.

Au même moment, avenue Frédéric-Le-Play, Jean-Christophe Mitterrand prend sa mère à part. « *Il faut que tu invites Mazarine et sa mère à l'enterrement. Il faut que tu leur permettes d'assister à la levée du corps. Comment leur interdire ?* » explique-t-il doucement. Danielle esquisse d'abord un geste d'effroi. Son mari va être enterré à Jarnac, sans elle, et c'est déjà une trahison : « *Ils nous l'ont volé. Sa famille l'a récupéré* », dira-t-elle plus tard. Et il faudrait maintenant qu'elle invite la rivale ? La femme hésite, mais la veuve puise dans son chagrin l'élégance du pardon. Elle accepte. Pour François.

Les deux femmes se croisent une première fois sans se voir, à Paris, deux jours plus tard, lors de la levée du corps. André Rousselet est le grand ordonnateur des obsèques, jeudi 11 janvier. Il est prévu que Jean-Christophe, Gilbert et Mazarine, les trois enfants de François Mitterrand, prendront place dans un gros Transall à hélices qui transporte le corps de leur père de Villacoublay à Cognac, puis à Jarnac. Sans réfléchir, les gendarmes ont aussi mis à disposition le même avion pour les deux familles, Gouze et Mitterrand. Dans le petit salon d'honneur, puis à l'avant de l'appareil, Roland Dumas s'efforce d'éviter un pénible tête-à-tête. Pendant près d'une heure, jusqu'à la base de Cognac, les regards des deux femmes s'évitent soigneusement, tentant d'échapper à cette ultime épreuve en s'évadant vers les hublots.

Mazarine ne connaît pas autrement Jarnac, ville blanche des bords de la Charente figée dans des ciels tremblés, qu'en décor de la photo d'enfance de son père, qui surplombait son lit bateau, rue Jacob. L'ancien Président retrouve la terre de ses parents et le cimetière des Grandes-Maisons, proche de sa maison natale, au 22 de la rue Abel-Gay, où vit sa sœur et où on peut encore lire : «*Fabrique de vinaigre*». Il va reposer dans le caveau familial, celui qui porte le nom de cette mère adorée perdue à dix-neuf ans – Lorrain.

« *Une messe dans l'église de Jarnac est possible* », précise-t-il dans son testament. Anne la catholique en est heureuse. Le curé de la paroisse lit la première lettre de saint Jean. « *Notre cœur aurait beau nous accuser, Dieu est plus grand que notre cœur* », entendent les paroissiens jarnacais et la foule parisienne, massée derrière les premiers bancs que se partagent les deux familles. « *La maison de mon père peut être la demeure de beaucoup de monde* », dit encore l'Évangile selon saint Jean. Après la cérémonie, la famille prend la direction du cimetière. Sans cesse, Jean-Christophe pousse sa demi-sœur en avant. Seul un homme semble éviter Mazarine : c'est Jacques Mitterrand, l'oncle général. Le frère cadet de l'ancien Président refuse même, dans un premier temps, de monter dans le minibus où la jeune fille s'est installée, et qui les conduit au cimetière.

Sur le cercueil, on jette des roses thé et des iris jaunes, comme l'avait souhaité le défunt. La France tout entière, rassemblée devant son poste de télévision, découvre, abasourdie, cette réunion de famille autour d'une tombe. Il y a là, pour la première fois, Anne Pingeot, en retrait, exposée aux regards, mais les yeux à l'abri d'une voilette volée à une autre époque. Agrippée par sa mère, Mazarine, longs cheveux tirés en arrière, boudeuse, désespérée, sanglée dans le manteau trop grand prêté par sa mère, pour qu'elle soit « bien mise ». Danielle Mitterrand, enfin, écharpe blanche, mains jointes sur son manteau, recroquevillée dans sa peine et qui, plus tard, en l'entourant de ses bras, réconforte Mazarine. Une silhouette tragique, une jeune fille butée dans sa douleur, une épouse fluette au regard perdu, trois femmes partagent pour la première fois le même cadre, la même histoire.

Le chromo fait le tour du monde. On remarque moins ces six gardes fidèles, en uniforme bleu nuit, portant le cercueil jusqu'au tombeau, selon la volonté de François Mitterrand. Juste avant que la plaque ne se referme, trois d'entre eux font écran de leur grande taille aux regards indiscrets et jettent sur le cercueil fauve une rose rouge et une enveloppe blanche. Emportées avec le Président, quinze années de clichés et de souvenirs, l'album photo de l'autre famille. Les gendarmes semblent dire : « *Ne vous inquiétez pas, monsieur le Président. Nous veillerons sur Mazarine. Nous veillerons sur vos secrets.* »

Bibliographie

Pingeot, Mazarine :

Ils m'ont dit qui j'étais, Julliard, 2003
Bouche cousue, Julliard, 2005

Mitterrand, Danielle :

La Levure du pain, Éditions N° 1, 1992.
En toutes libertés, Ramsay, 1996.
Le Printemps des insoumis, Ramsay, 1998.

Et aussi :

Barbier, Christophe, *Les Derniers Jours de François Mitterrand*, Grasset, 1997.
Benamou, Georges-Marc, *Le Dernier Mitterrand*, Plon, 1996.
Charasse, Michel, *55, faubourg Saint-Honoré*, Grasset, 1996.
Le Débat, « Orsay, vers un autre XIXe siècle », mars/mai 1987, avec Françoise Cachin, François Heilbrun, Jean

Jenger, Michel Laclotte, Anne Pingeot, Krzysztof Pomian, Madeleine Rébérioux, Jacques Rigaud.

Le Débat, « Mitterrand posthume », septembre/octobre 1996, avec Jean-Denis Bredin, Danièle Hervieu-Léger, Serge July, Pierre Nora, Paul Yonnet.

Denis, Stéphane, *Elle a maigri pour le festival*, Fayard, 2000.

Favier, Pierre, Martin-Roland, Michel, *La Décennie Mitterrand*, Seuil, 1990.

Forsne, Christina, *François*, Seuil, 1996.

Gamba, Daniel, *Interlocuteur privilégié, j'ai protégé Mitterrand*, Jean-Claude Lattès, 2003.

Garcin, Jérôme, *La Chute de cheval*, Gallimard, 1998.

Giesbert, Frantz-Olivier, *Le Président*, Seuil, 1990, et *Le Vieil Homme et la Mort*, Gallimard, 1996.

Gubler, Claude, Gonod, Michel, *Le Grand Secret*, publié chez Plon en 1996, interdit, republié en février 2005 aux Éditions du Rocher après que la Cour européenne des Droits de l'homme a condamné l'État français.

Guichard, Marie-Thérèse, *Le président qui aimait les femmes*, Robert Laffont, 1993.

Hanin, Roger, *Lettre à un ami mystérieux*, Grasset, 2001.

L'Idiot international, une anthologie, Albin Michel, 2005.

Laclotte, Michel, *Histoires de musées, souvenirs d'un conservateur*, Scala, 2003.

Lacouture, Jean, *Mitterrand, une histoire de Français*, Seuil, 1998.

Ménage, Gilles, *L'Œil du pouvoir*, Fayard, 1999.

Mitterrand, Jean-Christophe, *Mémoire meurtrie*, Plon, 2001.

Péan, Pierre, *Dernières volontés, derniers combats, dernières souffrances*, Plon, 2002.

Pingeot, Anne, *Orsay, la sculpture*, Scala, 2003.

Plenel, Edwy, *Les Mots volés*, Stock, 1997.

Pontaut, Jean-Marie, Dupuis, Jérôme, *Les Oreilles du président*, Fayard, 1996.

Prouteau, Christian, *Au service du président*, Michel Lafon, 1999.

Saltzmann, Charles, *Journal de l'île de Groix*, Éd. Christian, 2004.

Secrets d'actualité : *Mazarine, un secret d'État*, M6, enquête de Catherine Erhel, 20 mars 2000.

Sevran, Pascal, *Tous les bonheurs sont provisoires*, Albin Michel, 1995.

Saugues, Louis, *Deux mille et un Clermontois, de Vercingétorix à nos jours*, Éditions du dimanche, 2001.

Tourlier, Pierre, *Conduite à gauche*, Denoël, 2001.

Table

Ce volume a été composé
par Nord Compo
et achevé d'imprimer en septembre 2005
par Bussière
à Saint-Amand-Montrond (Cher)
pour le compte des Éditions Stock
31, rue de Fleurus, 75006 Paris

Imprimé en France
Dépôt légal : octobre 2005
N° d'édition : 61244 – N° d'impression : 053587/4
54-07-5813/8
ISBN : 2-234-05813-9